当代篮球教育策略研究

宋凯玉◎著

吉林出版集团股份有限公司
全国百佳图书出版单位

图书在版编目（CIP）数据

当代篮球教育策略研究 / 宋凯玉著 . -- 长春 : 吉林出版集团股份有限公司 , 2024. 9. -- ISBN 978-7-5731-5943-4

Ⅰ . G841.2

中国国家版本馆 CIP 数据核字第 2024AG6263 号

当代篮球教育策略研究

DANGDAI LANQIU JIAOYU CELÜE YANJIU

著　　者	宋凯玉
责任编辑	祖　航
封面设计	张秋艳
开　　本	710mm × 1000mm　　1/16
字　　数	200 千
印　　张	11.25
版　　次	2025 年 3 月第 1 版
印　　次	2025 年 3 月第 1 次印刷
印　　刷	天津和萱印刷有限公司

出　　版	吉林出版集团股份有限公司
发　　行	吉林出版集团股份有限公司
地　　址	吉林省长春市福祉大路 5788 号
邮　　编	130000
电　　话	0431-81629968
邮　　箱	11915286@qq.com
书　　号	ISBN 978-7-5731-5943-4
定　　价	68.00 元

前言

在现代社会中，学生喜欢的体育运动种类有很多，篮球运动就是其中之一。在当代身体素质教育过程中，篮球教育已经成为重要的组成部分。随着教学改革的不断深入，体育教学理念也在不断革新，在高校中，篮球教育发挥着越来越重要的作用。它不仅有助于锻炼学生的身体，增强学生的身体素质，还能提高学生的战略思维能力，使他们具备团队精神、坚韧意志等。另外，对于学生来说，篮球运动也是他们交友和娱乐的重要平台。

在高校中，篮球教育不仅包括对学生基础技能以及战术理解的训练，还包括对学生身体条件、心理素质的培养。在基础技能训练中，高校教师要传授给学生篮球运动的基础技术，通过语言、图画、示范等方式使学生加以理解和模仿，在学生理解并掌握了基础技术之后，还应通过定点投篮、运球绕桩、对抗练习等方式，让学生进行重复训练，不断提高学生的篮球技术水平。在战术理解方面，高校要传授给学生篮球理论知识，使学生能更加清晰深入地理解篮球运动的规则、战术体系和比赛策略。高校还要教授学生如何分析自身以及对手的优缺点，如何反思改进，如何根据对手的不同特点调整战略战术。另外，高校要传授给学生更多有关团队的思想、理论、战术策略等，使学生具备团队精神，在球场上能够更好地与队友团结协作，相互配合。

在篮球教育中，以往的身体条件训练包括力量、速度、耐力、协调性、灵活性训练，现如今，随着运动医学的发展，营养摄入、运动恢复以及运动伤害预防等内容也越来越受到人们的关注，逐渐被纳入篮球教育体系中。篮球比赛场上的竞争十分激烈，战局瞬息万变，运动员们往往承受着巨大的心理压力，在这种时候，他们的心理素质就成为胜负的关键。因此，在高校篮球教育中对学生进行心理素质培养十分重要。

本书共分为六章：第一章为篮球运动研究，主要包括篮球运动概述、篮球运动文化、篮球运动与健康三部分内容；第二章为篮球教学的理论研究，主要包括篮球教学模式、篮球教学方法、篮球教学的主要内容、篮球教育发展对策及趋势；第三章为篮球运动规律及基本技术，包括篮球运动规律、篮球训练基础理论、篮球运球技术及要点、篮球传球技术及要点、篮球投篮技术及要点五部分内容；第四章为篮球运动的基础训练与教学研究，包括篮球运动员体能训练、篮球运动员技战术训练、篮球运动员医务卫生教学、篮球运动员营养保健教学四部分内容；第五章主要介绍篮球运动中的心理教育，包括篮球运动心理学、篮球运动员基本心理教育、篮球运动过程中的心理素质训练三部分内容；第六章分析篮球教育的创新策略，包括多媒体技术与篮球教育创新、慕课技术与篮球教育创新、分层次教学与篮球教育创新、合作学习与篮球教育创新、翻转课堂与篮球教育创新五部分内容。

在撰写本书的过程中，作者参考了大量的学术文献，得到了许多专家学者的帮助，在此表示真诚感谢。由于作者水平有限，书中难免有疏漏之处，希望广大同行指正。

宋凯玉

2024 年 2 月

目　录

第一章　篮球运动研究

篮球是一项需要团队合作的体育运动，通过投篮、传球和防守来争取得分。本章的主题是篮球运动研究，包括篮球运动概述、篮球运动文化、篮球运动与健康三部分内容。

第一节　篮球运动概述

一、篮球运动的起源与发展

（一）篮球运动的起源

篮球运动是由美国的体育教师詹姆斯·奈·史密斯博士发明的。1891 年冬季，史密斯所在的地区十分寒冷，为了避免学生受寒，学校要求停止户外运动，转为室内运动，当时的室内运动种类比较少，只有器械操和体操两类，比较单一乏味。因此，学校要求作为体育教师的史密斯设计出一种室内体育活动，以供学生运动训练。他先是试图将橄榄球、足球和曲棍球等引入室内，但均未成功。后来，他看到孩子们比赛向筐内投掷石块，受到了启发，再经过不断思考、分析与尝试，同时借鉴了很多其他的运动，比如冰上曲棍球、足球等，将多种游戏活动融合到一起，从而发明设计出了篮球运动，运动场地如图 1-1-1 所示。

（二）篮球运动的发展

从史密斯博士发明篮球运动开始，篮球经过了很长时期的发展，才变成了我们现在看到的样子。它的发展过程大致可以被划分为五个时期，下面进行简要分析：

1. 初创传播时期（19 世纪 90 年代至 20 世纪 20 年代）

在初创传播时期，篮球运动具有以下几个特点：

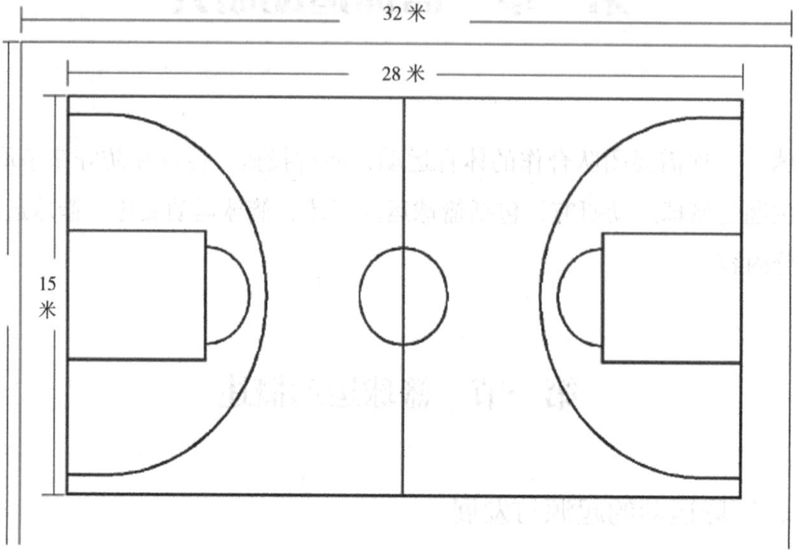

图 1-1-1　现代篮球简易场地示意图

第一，最开始的时候，篮球运动比较自由、随意，没有场地设备、人数以及游戏规则的限制。

第二，后来，篮球运动在美国的各类学校之中流行起来，同时增加了对人数、场地设备以及动作行为要求的规定，不过相比现代的要求来说，这个时期的动作行为要简单多了。

第三，在美国宗教、文化的扩张之下，世界上其他国家和地区也逐渐开始开展篮球体育运动。

2. 完善推广时期（20 世纪 30—40 年代）

篮球运动在各个国家和地区逐渐开始流行起来，赢得了越来越多青年人的喜爱，并逐步推广到社会各界。

1932 年 6 月，“国际业余篮球联合会”（Fédération Internationale de Basketball，简称国际篮联或 FIBA）在瑞士日内瓦成立，进一步推动了篮球运动的发展，促使它被越来越多的人所接受。同年，通过对美国大学生篮球规则进行深入分析研究与修改，国际篮联发布了第一部《国际篮球规则》，统一了篮球运动的规则。

在这之后，篮球运动的技术与战术得到了进一步发展，进攻和防守动作不断增加，并且开始展现出战术的基础配合。1936 年，在第 11 届奥运会上，男子篮球正式被选为赛事项目。从那时开始，现代篮球竞技运动逐渐成形，进入了一个历史性的发展高潮。

3. 普及发展时期（20 世纪 50—70 年代初）

在普及发展时期，篮球运动在世界上各个国家和地区已经相当普遍了，成为一项广受人们欢迎的体育运动，世界各国组织了多次比赛。1950 年和 1953 年举办了第一届男、女篮球锦标赛，比赛中出现了许多身高超过 2 米的运动员，他们体型高大，超出常人身高很多，在比赛中展现出了较大的优势，也是从这个时候开始，在篮球运动比赛中，运动员的身高占据了至关重要的地位。

20 世纪 40 年代末 50 年代初，美国 NBA 职业篮球联赛（National Basketball Association）开始。它为现代篮球竞技运动提供了篮球理念、经营观念、篮球技战术等方面的经验指导和榜样示范，引领了世界篮球运动的发展潮流，推动着篮球运动不断向前发展。

现代科学技术逐渐被渗透应用于现代篮球运动之中，再加上篮球运动本身的演变完善，篮球技战术得以创新与发展，竞技水平不断提升，科学的攻防体系也得以形成。

4. 全面提高时期（20 世纪 70—80 年代）

在全面提高时期，运动员的身高、身体素质、速度、技术、战术等都得到了进一步加强，更加高难度、强攻击性的战术被广泛使用，攻击与防守间的战况也越来越激烈。篮球运动逐渐向着高技巧、高速度、高强度以及高比分的方向均衡、全面发展。

篮球运动规则得到了进一步修改与完善。国际篮联调整了进攻时间，扩大了场地面积，提高了攻防转换速度，同时增加了 2 分球和追加罚球的规定，进一步促进了篮球技战术新体系的构建。

1976 年，在第 21 届奥运会上，女子篮球项目被纳入正式比赛项目之中。此后，篮球运动就越来越普及，学习篮球运动的人越来越多，各个篮球队伍的竞技水平也不断提升，在世界范围内掀起了篮球运动的第二次发展高潮。

5. 创新发展时期（20 世纪 90 年代至今）

（1）世界篮球运动发展要事

1990 年，国际业余篮球联合会更名为国际篮球联合会，并取消了对职业篮球运动员参加国际篮球大赛的限制，众多优秀的职业篮球运动员给国际篮坛带来了新观念、新技术、新战术。现代竞技篮球运动开始了新的征程。

1992 年，在第 25 届奥运会上，由美国 NBA 职业运动员组成的“梦之队”的绝佳表现，寓竞技化、策略化和艺术化于一体，标志着现代篮球运动发展的新趋势，引起了国际篮球界的关注，现代篮球运动由此向职业化、商业化和社会化迈出了新的步伐，掀起了第三次发展高潮。

根据国际篮球联合会官方网站上的最新信息，截至 2023 年，共有 213 个国家和地区的相关篮球协会成为 FIBA 的正式会员。篮球运动已成为国际体育组织中单项运动人数最多、最受世界人民喜爱的体育项目。

规则对比赛速度、高空拼争以及比赛时间、方式的新规定（如改上下两半场为 4 节，每节 10 分钟，实行三人裁判制，交替拥有球权等），运动训练的科学化，促进了篮球技术动作不断创新，技战术更加追求实效，运动员内外攻守区域分工趋向模糊，高空争夺更趋凶悍，使这项运动更显观赏性。

（2）21 世纪篮球运动的发展趋势

到了 21 世纪，篮球运动变得越来越普及，已经变成一项全球性的运动，具体来说，这个时期它主要有以下几个特点：

①篮球运动理论和实践进一步发展

随着时间的推移，现代科学技术逐渐渗透进篮球运动之中，使篮球运动理论、战术、技术、制度以及训练手段越来越科学化，不断优化与完善，从而使篮球从理论到实践都形成了新的框架结构和体系，实现了进一步发展。

②学校篮球运动的健身、教育功能显著

在学校中，篮球运动已经成为学校体育运动的重要组成部分。以我国为例，无论是在大城市中，还是在乡镇学校中，篮球运动都是学生们十分喜爱的一项体育运动形式，不可或缺。它不仅能增强学生的体质，强身健体，还具备教育功能，能培养学生的责任感、使命感以及团队精神和荣誉意识，同时能磨炼学生的意志，锻炼学生的人格，使之坚韧不拔，不懈奋斗，面对困难仍能勇往直前。另外，篮球运动是一种重要的社交方式，它的社交功能也越来越被人们所认同。

③大众篮球运动在全球普及

在全球范围内，篮球运动非常受欢迎，在很多国家和地区都十分流行，成为一种真正的全球性社会文化。这离不开热爱篮球的各界人士的宣传与推广。

④在全球范围内，职业篮球运动不断扩展，商业化气息越来越浓

现如今，职业篮球运动变得越来越普及，职业篮球竞赛水平也不断提高，职业化是未来世界篮球运动发展的必然趋势。世界上很多个国家都建立了职业篮球俱乐部，它已经逐渐变成一种新兴的产业，受到了越来越多人的欢迎。在全球范围内，职业篮球运动的商业化气息也变得越来越浓。

⑤竞技篮球群雄相争，呈现新格局、新特点

当今竞技篮球的发展趋势表明，21 世纪世界篮球竞技运动水平和实力呈起伏状的新格局，推动了篮球运动在全球的进一步普及、发展及提高。

比赛规则的不断修订，促进了篮球运动向攻守平衡的方向发展，“人球兼顾、以球为主”的攻击性、多变性防守运用更加普遍，贴身防守更加凶狠。特别是在限制区内决不允许队员自由活动，否则会发生剧烈的身体接触及猛烈的冲撞，增加了比赛的进攻难度。

高度与速度进一步相互依赖与制约，队员平均身高将继续提高，速度更快，技术更全面，位置趋向模糊，一人能打两个及两个以上的位置。

强化准确性，特别是提高投篮准确性，减少失误，“准”一直是每个时期篮球训练所追求的终极目标，它不仅指投篮的准确性，传球、跑位等技战术的运用同样强调准确，而且都对投篮命中率有直接的影响。技战术运用的准确性提高了，失误自然也就降低了。

对抗性增强，现代篮球比赛防守过程中的主动性、凶悍性、力量性和破坏性更趋激烈，使攻守的对抗明显升级。进攻拼斗能力的提高，所带来的防守拼斗观念与技战术的变化，使当代的篮球比赛对抗更为凶悍激烈，继而呈现出技术、战术、身体、智慧和心理的全面抗衡。

女篮风格向男篮风格发展，女子队员不仅在比赛中表现出顽强的作风、坚强的意志，而且在技战术等方面向男篮风格发展。

对运动员的综合素质提出了更高的要求，运动员不仅要具有全面的身体机能、身体素质、心理、智力和思维，而且应具备全面的技战术水平和协同配合等攻守能力。

对教练员综合素质、临场指挥及应变能力的要求提高：教练员是一支球队的主帅，负责球队的训练和比赛，决定着球队的发展前途，特别是在一强一弱、实力相当或决战关键时刻，他对赢得胜利起着决定性的作用。

二、篮球运动的特点与基本规律

（一）篮球运动的特点

篮球运动具有集体性、对抗性、时空性、转换性等特点，下面进行简要介绍：

1. 集体性

篮球运动是一项集体性运动，只有一两个人很难进行，它必须由两个队伍竞争对抗才能进行。在篮球运动的过程中，同一队伍的每一个人都要相互合作、配合，这样才能进一步确保最终的胜利。

2. 对抗性

篮球运动是一项强对抗性和强竞争性的运动，在一个特定场地中，参与篮球运动的攻守双方进行对决，他们追击、抢球、投篮，双方互相制约，力争得到主动权，这不仅考验其体能、技术、智力，还考验其精神与意志。

3. 时空性

现代篮球比赛是在某个特定时间以及特定空间中进行的运动，受到时间与空间的限制。在篮球比赛运动中，无论是运动员还是观众都要有时间观念和空间观念，运动员必须争分夺秒，在规定时间内用各种方法和手段去争夺时间与空间上的优势，进而获得最终的胜利。因此，时空性是篮球运动的独有特点。

4. 转换性

篮球比赛的胜负由双方进攻得分多少来决定，而且双方的进攻都会被时间所限制，只能在规定时间内进攻。攻守双方的攻击与防守是不断变换的，且变化迅速、无常，这是篮球运动的一个重要特点。

（二）篮球运动的基本规律

规律就是本质的关系或本质之间的关系，篮球运动的基本规律就是篮球运动本身的若干本质关系。具体如下：

1. 集体性规律

（1）团队精神和协同作风

在篮球运动场上，每个运动员都要充分发挥自己的技能与优势，以帮助己方队伍获得最终的胜利。不过，这要以整个团队为前提，篮球运动员要考虑整个己方队伍的目的与任务，先集体后个体，不能过分地炫技，而是应该一切以集体利益为先，将个人技能融于集体之中，与其他成员相互配合，齐心协力，共同为获得最终的成功而努力。

（2）教练员与场上队员、场下队员的协同

在篮球运动中，虽然教练员不上场，但是他们发挥着重要作用，是整个队伍的核心。教练员要深入了解队伍中的每一个成员，了解他们的优势、劣势，从而更加有针对性地对其进行训练，要能制定全局的战略战术，充分利用篮球运动的集体规律，激发团队士气，尽量将每一个队员都放在最合适的位置，使他们能发挥出最大的优势作用，掌控赛场的主导权，获得比赛的胜利。

2. 对抗性规律

竞技运动显著的特点就是对抗，我们日常所见的很多运动都属于竞技运动，比如足球、棒球、游泳、田径等，这些不同的运动项目虽然在竞赛形式、内容、手段、方法等方面都有差别，但是归根结底都是人与人、集体与集体之间在某个时间与空间范围内的对抗，对抗在竞技运动中普遍存在，它是竞技运动最本质的特征。在竞技运动中，对抗性规律是一种十分普遍的规律，而作为一项竞技运动的篮球运动自然也具有对抗性规律。

3. 动态性规律

篮球运动是一项动态性运动，其动态性体现在以下两个方面：

（1）篮球比赛中不停地移动，攻守互动

在动中攻，在动中守，在动中及时转换，不间断地有谋略、有变化、有针对性地动，有目的、有攻击性地动，主动调动对手被动地动，以动攻守，以动守攻，反复转换动的方式与方法，调整动的意图，变化动的节奏、方向，力求主动。

（2）正确处理篮球科学理论、技术与战术的关系

篮球理论、技术与战术的关系属辩证法中内容和形式的关系，它们都在动中发展，在动中相互制约，又在动中相互依赖、促进、提高。

4. 转换性规律

在篮球比赛中，两支队伍的攻守位置不断转换，进攻后的防守和防守后的进攻的转换构成了篮球比赛的重要内容，它包括转换过程中的行动意识、战术组织和配合方法等。

现代篮球运动已经把进攻—攻守转换—防守、防守—守攻转换—进攻这两套系统、三个不同阶段，形成一个完整的攻防系统，来进行综合性训练；在比赛中强化转换意识并加以运用，从而使现代篮球运动从理论到实际训练再到比赛中形成进攻、防守、攻守转换的现代篮球运动新的攻、守战术结构体系。

5. 统一性规律

篮球运动不仅依赖于严格的比赛规则，还要求运动员具备较好的身体素质、坚韧的心理素质、精湛的技术和灵活的战术。这些要素相辅相成，共同促成了篮球运动的整体性和协调性。因此，篮球竞赛规则与身体素质、心理、技术、战术的统一，是篮球运动形成与发展的基本规律之一。

三、中国篮球运动的发展

（一）中国篮球协会

1956 年 6 月，中国篮球协会成立。目前是全国性、非营利性的群众体育组织，由各省、自治区、直辖市、解放军和其他各行业的篮球协会及相关运动组织组成，具有独立法人资格。英文名称是“CHINESE BASKETBALL ASSOCIATION”，英文缩写为“CBA”。中国篮协是中国奥林匹克委员会承认的奥运项目组织，是代表中国参加国际篮球联合会和亚洲篮球联合会的唯一合法组织。1997 年 11 月 24 日，国家体育总局实行体育管理体制改革和运行机制转变，成立了国家体育总局篮球运动管理中心。国家体育总局篮球运动管理中心是具有篮球项目行政管理职能的事业单位，又是中国篮球协会的办事机构。

2016 年 11 月 22 日，中篮联（北京）体育有限公司（简称 CBA 公司）正式

成立，新闻发布会暨公司揭牌仪式在北京举行，中国篮协与有关各方共同推动多年的 CBA 联赛“两步走”改革，至此迈出了坚实的第一步。2017 年 2 月 23 日，在中国篮球协会第九届全国代表大会上，姚明当选主席。2017 年 7 月，CBA 公司宣布，姚明出任 CBA 公司董事长一职。

（二）中国篮球运动现状

2015 年 10 月，在亚洲男篮锦标赛上，中国男篮经过艰苦奋斗登上冠军宝座，进军第 31 届奥运会篮球决赛。

2022 年女篮世界杯、2023 年女篮亚洲杯、2023 年杭州亚运会，三次大赛中，中国女篮只输掉了两场比赛，对手是美国女篮。在国际篮联世界排名中，中国女篮已坐稳世界第二的位置。数据不会说谎，在一番摸爬滚打后，如今这届中国女篮，正处于出成绩的黄金时期。

第二节　篮球运动文化

一、篮球运动的文化内涵

（一）篮球运动文化的概念

篮球运动文化是指参与、组织和观赏篮球运动的人的思维方式和行为方式的制度化凝结，是篮球运动的观念、知识、技能、习俗和制度的总称。其核心是篮球价值观的群体共识，其实质是篮球运动的制度化、法治化、和谐化、品位化。其内涵和外延有很大的广度，从广义上说，凡是与篮球有关的人、事、信息都属于篮球文化。

（二）篮球运动文化的构成

在篮球运动的产生、传承与发展过程中，它所包含的文化内容也在不断地变化，逐渐变得越来越丰富，其文化内容沾染了每个时代的印记，呈现出丰富的、动态的时代特征。具体来说，其文化构成主要有四种，分别是物质文化、精神文化、制度文化和行为文化。

物质文化是指人类创造出来的物质产品或成果，它属于实物，是可以摸得着、看得见的，篮球运动物质文化具体就是指篮球器材设备、篮球运动场地等。

精神文化是人类各种意识形态观念的集合，它与物质文化恰好相对，是看不见、摸不着的，篮球运动的精神文化是篮球运动文化的核心与灵魂，是篮球文化的终极内涵，包括篮球运动认知与情感、篮球理念与价值观等。

制度文化是人类创造出来的有组织的规范体系的集合，例如法律法规、学校的规章制度等，篮球运动的制度文化就是指篮球运动的规则、比赛管理制度、竞赛制度等。

行为文化就是指人们约定俗成的某些特定的行为方式，篮球运动的行为文化包括篮球体能训练、技巧学习、运动娱乐、比赛观赏以及俱乐部文化等。篮球运动的行为文化能展现出篮球运动的气质风尚，它是篮球精神文化的具体表现形式。

这四种篮球运动文化之间并不是毫无关联的，而是动态牵制与相互促进的关系，它们共同构成了篮球运动文化，促进了篮球运动的进一步发展。

（三）篮球运动文化价值观

篮球运动在世界各个国家流行起来，自然也就沾染上不同国家的文化，这使各种不同的篮球文化得以产生。篮球运动文化属于体育文化，体育文化是民族文化的组成部分，因此，它也会受到特定民族文化的影响。而且，在同一个国家，不同的篮球运动者的思想观念、价值观等也都是不同的，不过，在篮球文化的核心文化层的影响下，这些不同思想观念、价值观的参与者就会逐渐融合成为一个有机的统一整体。关于篮球运动文化价值观，下面进行简要叙述：

1. 人格价值

篮球运动不仅注重运动员对运动技能的获取，还注重参与者兴趣的满足和个性释放。它强调队伍中的每个人都要相互协调、合作，团结一致，同时倡导各个成员之间公平竞争，不断超越；它重视个体职责，也尊重个人的成就需要，力求实现个人与集体之间的平衡；它不仅增强了参与者的身体素质，也有利于其精神境界与人格素养的进一步提升。

2. 教育价值

在篮球运动过程中，每个人都要遵守竞赛规则、规章制度、体育道德以及社会规范。其中，竞赛规则与规章制度要求参与篮球运动比赛的双方要公平公正地展开较量；体育道德与社会规范也制约着双方的行为，队伍成员不能做出不符合规范的、不道德的以及粗野的动作，其行为要符合体育道德以及社会规范的要求，队伍成员要有责任感、敬业精神和顽强拼搏的精神。因此，对于那些参与篮球运动的个体来说，篮球文化不仅能规范他们的行为，还能引导他们的行为，使之能符合要求，篮球运动文化具有教育价值。

3. 社会价值

篮球运动的竞争与对抗是建立在团结协作基础上的，有的攻守战术，比如传切、策应、掩护、补防等需要团队内两三个人进行局部配合就可实现，有的比较复杂的、综合多变的攻守战术体系则需要整个队伍密切合作才能完成。篮球运动过程中的每一个个体都必须有统一的认识和目标，这样，篮球运动员们为了一个共同的目标去努力，再加上不断地理解与沟通，相互信任，便能更好地团结协作，最终获得成功。

二、篮球运动的价值

（一）促进健康

1. 篮球运动与生理健康

个体生理健康不只包括外在的身体器官上的健康，还包括机体内部器官的健康和系统功能的平衡、完善等，经常进行篮球运动可以提高人的身体素质，帮助完善人的内部器官系统功能，促进人的生理健康。经常进行篮球运动可以提高人的身体活动能力、运动能力和身体素质；能改善和提高心血管系统、呼吸系统、消化系统、神经系统等功能；能有效控制体重和改变体型。

2. 篮球运动与心理健康

心理健康包括：具有完整的人格，保持积极情绪，具有观察能力，能保持正常的人际关系，具有良好的社会适应能力，自尊、自爱、自信等。这些心理健康特征也是篮球运动训练和比赛对参与者的基本要求。

经常参与篮球运动对促进人的心理健康的表现如下：

一是改善情绪状态，降低焦虑水平。

二是确立良好的自我评价体系，增强自信心。

三是培养坚强的意志和团结协作精神。

四是消除心理疲劳，缓解心理应激。

五是让运动者在参与运动过程中，学会调整自己的情绪和兴奋状态在一个适宜的水平。

3. 篮球运动与社会适应

社会适应是指一个人的心理活动和行为能适应当时复杂的环境变化，被他人所理解，被大家所接受。

经常参与篮球运动能增加人与人之间的接触和交往，使参与者能尽快地适应周围的各种人和各种变化，尽快地被他人接受、理解。当前，篮球作为一种健身、娱乐、会友的生活方式，已经被越来越多的人群（包括老人、妇女和青少年）接受，在此基础上，人们通过篮球运动适应环境和社会。

4. 篮球运动与道德健康

世界卫生组织（WHO）关于健康的概念有了新的发展，即把道德修养纳入了健康的范畴。健康不仅涉及人的体能方面，也涉及人的精神方面。将道德修养作为精神健康的内涵，其内容包括：健康者不以损害他人的利益来满足自己的需要，具有辨别真与伪、善与恶、美与丑、荣与辱等是非观念，能按照社会行为的规范准则来约束自己及支配自己的思想和行为。

体育精神是体育的整体面貌的水平。公正、公开、公平、特色及凝聚力、感染力和号召力的反映，是体育的理想、信念、节操；体育知识、体育道德、体育审美水平的标志，是体育的支柱和灵魂。

（二）休闲娱乐

篮球运动最初是作为一种游戏活动而存在的，游戏的娱乐性就是篮球运动中的原始特性。对于大部分的爱好者而言，他们参加篮球活动的主要目的，并不是提高自己的篮球技战术水平和专项能力，而是缓解工作、生活中的压力，宣泄自己的情绪，追求愉悦的身心体验、兴趣的满足及收获运动的快乐。另外，观赏成规模的高水平篮球比赛时，除了精彩的比赛对抗，穿插安排的娱乐活动，例如，文艺演出、杂技表演、比赛音乐及整个赛场热烈的气氛，都能使观赏者在视觉、听觉、情感方面获得艺术的享受。观赏高水平的篮球比赛已成为人们休闲、娱乐活动的重要组成部分。

三、篮球运动的欣赏

欣赏篮球运动可以从价值与生理、心理机制，内容与角度，技战术风格等几个方面进行简要分析：

（一）欣赏篮球运动的价值与生理、心理机制

1. 篮球运动的欣赏价值

（1）带来丰富的体验

篮球运动有着丰富多样的战术形式和技术动作，攻守转换也比较频繁，竞争对抗十分激烈，可观赏性非常高，这吸引了许多球迷爱好者，尤其是很多青少年，他们产生了强烈的观看需要和模仿欲望，这驱使他们主动接触篮球运动，进一步了解篮球运动，从观赏活动中获得美感和更加愉悦的情感体验。

（2）体验竞争带来的刺激

篮球运动是一项竞争性、对抗性比较强的运动。在篮球运动中，攻守双方的技术、战术、体能、风格、思想等都展现得异常突出和醒目，只有各方面都比较优越的那一方才能获取最终的胜利。另外，进攻队员与防守队员的心理素质也显得尤为重要，当进攻队员投篮得分的时候，他们就能感受到成功的乐趣；当防守队员成功防守的时候，他们也能感受到成功的乐趣。这种成功的乐趣将会成为攻守双方的动力，驱使着他们在竞争对抗过程中不断提升自己的技能，从而更加深入地体验竞争带来的刺激。

（3）调节情绪与丰富情感

现代社会，篮球运动的技术、战术迅速发展，变得越来越丰富，使篮球运动比赛的可观看性变得越来越强。在一场篮球比赛之中，为了获得最终的成功，攻守双方都会使出浑身解数，每一个回合都不容忽视。通常情况下，一场高质量、双方水平相当的篮球赛，不到最后一刻，胜负难分，观看者必须打起十二分的精神，注视着场上的激烈争夺，否则很容易错过精彩时刻。在篮球运动比赛的过程中，无论是场上的运动员，还是场下的观众，都随着战局的不同而产生情感上的变化，或喜悦，或懊悔，或惋惜，或震惊，对于人们来说，这种情感变换丰富了他们的情感体验，对他们的身心健康大有裨益。另外，在观看篮球比赛的过程中，人们还能领悟一些人生哲理。因此，可以说，观赏篮球赛事不仅有助于调整和舒

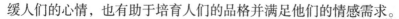

缓人们的心情，也有助于培育人们的品格并满足他们的情感需求。

（4）缓解工作和生活方面的压力

随着现代生活节奏的加快，竞争白热化，人们面临的压力越来越大，当这种压力超过人们所能承受的极限，就可能会产生很多不良现象。这时候，就需要找到合适的方法和策略来缓解压力，篮球运动就是一个不错的方法。无论是参与到篮球运动中去还是观看篮球比赛，人们都能感受到其中蕴含的节奏感与和谐美。同时，结果的不可预知性也能令人的心情随之产生波动，从而感受到与以往不同的情感体验。篮球运动能减轻人们的心理压力，使人们身心放松，陶冶情操，提高人们的生活质量，对人们十分有益。

（5）通过观赏篮球比赛了解世界

青少年通常是通过网络媒体或者到现场去观看篮球比赛，久而久之他们对于世界上的著名篮球运动员的名字和著名篮球队的名称便有了深刻的印象。通过对其他国家的一些著名篮球队和球星的了解，人们可以了解各个洲与国家的篮球运动特点以及整体技战术水平的发展趋势，从而更好地了解世界。

2. 观赏篮球运动的生理机制

（1）视觉

在观看篮球比赛的时候，人们可以看到精心布置的篮球场地，运动员们朝气蓬勃，活力满满，啦啦队员们也是热情似火，毫不逊色，这一切都给予人们美的享受。尤其是当篮球比赛正式开始的时候，篮球运动员们在场上尽情挥洒汗水，传球、推进、突破、扣篮、投篮等一系列动作让人们眼花缭乱，他们将篮球的美淋漓尽致地展现在观看者面前，给在场观众留下深刻的印象。观看者们能感受到其中蕴藏的生命节律，感受到那种朝气蓬勃的动态美，在这种强烈的视觉冲击下，他们似乎能感受到自己的内心也变得越来越年轻，得以释放压力，舒缓心情，颇有一种意犹未尽的感受。因此，在观赏篮球运动比赛的时候，占据首要位置的就是视觉。

（2）听觉

在观赏篮球运动比赛时，听觉享受也是其中的重要组成部分。在篮球运动员刚刚进场的时候，观众们就会开始拍照、挥旗、欢呼，引发篮球比赛场上的第一个高潮。当运动员们开始比赛的时候，啦啦队员们击棒、叫喊，解说员的声音也越来越大，氛围逐渐被烘托得越来越热烈，当场上扣篮得分的时候，观众甚至会站起来热情欢呼，将自身的情感热烈地抒发出来。因此，听觉也是观赏篮球运动中十分重要的因素。

3. 观赏篮球运动的心理机制

（1）感知

感知是意识对内外界信息的觉察、感觉、注意、知觉的一系列过程。感知包括感觉和知觉两个心理过程。感觉就是指人们对事物某个特别属性的反应，比如摸到热的杯子人们会感觉烫，看到大雪人们会感觉冷等，这些都属于感觉。知觉是在感觉基础上形成的，大脑对各种事物的属性有了初步了解，它依据以往的经验将某个事物的属性整合到一起，从而产生对事物的整体印象。人们要想对事物进行整体把握，就必须通过知觉来实现。例如，在篮球运动比赛的一次突破分球配合中，运动员先是持球突破，然后将球传给队友，接着是起跳并投篮。欣赏者在看比赛的时候，先是通过眼睛获得视觉上的感觉，了解它的个别属性，比如突破路线、传球时机等，然后在脑海中才能整体把握运动员的动作，从知觉层面对其进行全面了解。观赏者如果可以更加清晰地看到运动员的突破分球过程的个别属性，那么就可以更加准确、完整、全面地认识这个动作。因此，在观赏篮球比赛的时候，感知是第一要素。

（2）想象

想象是一种特殊的思维形式，是人在头脑里对已储存的表象进行加工改造形成新形象的心理过程。人们在体育实践中，不仅能感知当前作用于自已的事物，能回忆起过去曾经历过的事物，还能在已有表象的基础上，在头脑中创造出没有直接感知的新形象。以快攻上篮为例，如果没有以往对篮球运动的了解，也就不会想象出快攻的结果，正是大家都已熟悉了快攻的路线、得分方式，所以在运动员上篮时就会设计与创造出新的形象。因此，观赏篮球比赛，想象是主要的心理活动。

（3）情绪和情感

情绪和情感是人对客观事物与人的需要之间关系的反应。当客观事物符合或违背人的某种需要时，人们便会表现出这样或那样的态度，产生种种主观情绪体验，这种由事物是否符合人的需要所产生的态度和体验，在心理学上称为情感。

在欣赏篮球比赛的时候，人们会因为自己喜欢的球队获胜而兴奋，也会因为球队失利而懊恼，同时会为球场上出现的不良现象感到不满和义愤等。这些主观的情绪体验都是高级情感的具体表现。情感存在于整个体育欣赏过程中，其主体总是或多或少地进行着各类情感的体验。观众对比赛结果也有不同的情感体验，有的高兴，有的伤心。因此，情绪和情感是通过认知活动的“折射”而产生的。在观看篮球比赛时，所有这些喜、怒、悲、愤等都是人的具有某种独特色彩的心理体验。

（二）欣赏篮球比赛的内容与角度

1. 对篮球运动员身体美的欣赏

篮球运动员的身体美主要包括：

（1）体格健壮美

篮球运动员的体格健壮美就是指身体健康，体形匀称，关节灵活，肌肉饱满，上肢手大臂长，下肢大腿粗，小腿细，身材高大健美，朝气蓬勃，给人以强有力的感觉，有着源源不断的力气和较好的弹跳能力，充满青春活力。

（2）身体形态美

篮球运动员的身体形态美包括体形美、肤色美、肌肉美、姿势美、精神面貌美等，具体来说，就是指身体外表匀称、协调，皮肤有光泽，肌肉丰满结实、有弹性，进行篮球运动时的姿势准确、舒展、有美感，精神状态积极向上。

（3）气质风度美

气质风度美是指人的风采与气度的美。这与一个人的思维想法和文化涵养紧密相连，属于一种内在美。不过，它可以通过一个人的外在活动表现出来，也就是说，我们可以通过观察一个人的外在活动了解这个人的气质与风度，因此，它也属于身体美的一个组成部分。篮球运动不仅可以锻炼身体，帮助人们塑造出健美的体格，还对人的人格有积极影响，使其健康向上，同时进一步培养人内在的气质风度，然后在运动中将这种气质风度美展现出来。

一般来说，气质风度美主要包含两个基本特征：第一，它具有非常鲜明的个性特点；第二，它必定是符合社会道德规范和职业道德规范的。在篮球运动场上，人的气质风度表现为关心同伴、尊重对手、珍惜集体荣誉等。比如，由于篮球场上人员众多，裁判需要根据规则来对比赛进行评判，有时候难免会出现错误，这就到了考验运动员气质风度的时候了。面对这种情况，有的运动员可能就会恶语攻击裁判，丝毫没有风度可言；有的运动员则会表示理解，接受裁判的判决，从而将其气质风度美展现出来，令人印象深刻。

2. 篮球运动中运动美的欣赏

篮球运动美的内容，具体如下：

（1）篮球运动的技术美

篮球运动的技术美很好理解，就是指在篮球运动场上，运动员在展示跑、跳、投等简单动作以及摆脱抢位、空中转体扣篮等高超技术的时候所展现出来的美，它是稳定性、协调性、准确性、连贯性和实效性的有机结合。观赏者在观看篮球运动比赛的时候，可以很直观地感受到技术美，对运动员们卓越的篮球技能内心油然而生一种钦佩感。

（2）篮球运动的战术美

篮球运动战术美是比赛中队员个人技术的合理运用和队员之间相互协调配合的组织形式，它是运动员根据比赛双方的情况，把各自的技术通过战术基础配合巧妙联系到一起，采取合理行动，以发挥己方特长，限制对方优势，夺取体育比赛胜利的一种艺术。例如：第 25 届巴塞罗那奥运会上，美国男子篮球队（“梦之队”）的绝妙表现将篮球运动带入了一个梦幻般的境界。“梦之队”的进攻战术简洁，善于单兵作战，个人进攻中伴随着同伴的插上和跟进，有拉开、有接应，就像一部精美的机器运转自如。防守时抢、打、断、盖等技术广泛运用，气势凶猛的全场区域夹击、区域紧逼或半场扩大盯人防守战术交替使用，气势如虹、咄咄逼人，锋芒所向、所向披靡，充分显示了他们进攻与防守的威力。

（3）篮球运动的意志美

意志美指在体育运动中所表现出的个性心理特征，主要是指积极、努力、忍耐等顽强的意志，观察、思考、探索等智力活动，热爱、体谅、互助等基本的道德观念等。现代篮球运动竞赛不仅是技术、战术、体力的较量，更重要的是意志品质的较量，运动员要勇于拼搏、不怕挫折、不惧失败，这就是意志品质蕴涵着高度审美价值的源泉。篮球运动可以培养一个人坚忍不拔、积极进取、奋发向上的拼搏精神，以及尊重他人、团结协作、互助互爱的良好品质，形成积极、健康向上的心理品质，塑造美好的心灵。

3. 欣赏篮球比赛的环境美

篮球环境美的内容，具体如下：

（1）运动员和教练员的基本素质

篮球运动员是篮球竞赛的主体，运动员要具有良好的身体美、技术美、战术美和运动美，更重要的是具有良好的气质风度美等，这种内在的美更会受到人们的尊重。

教练员是篮球训练和竞赛的主导者，教练员的职业道德精神以及临场指挥、稳定军心和协调的能力，是一个球队克敌制胜、形成良好球队风格的必要条件。

篮球比赛是一个不断变化的过程，一个战术使用不当就可能导致整场比赛的失败。因而，要求教练员在关键时刻临危不乱，稳定军心，随机应变，通过调兵遣将、暂停等调整运动员心态，改变战术打法，力挽狂澜，改变场上不利的局势，从而赢得主动，为球队赢得胜利。

参加比赛的运动员、教练员要尊重裁判的判罚，服从工作人员的安排，尊重、关心和爱护观众，反映了运动员和教练员的基本素质，是球场环境美的重要组成部分。

（2）裁判员的基本素质

裁判员的基本素质是指在职业道德约束下的身体条件、心理状态、基本技能和执裁技艺的总和。篮球运动是一项动态的、对抗的、发展的、控制的、综合的工程，作为篮球运动重要组成部分的裁判员，他的能力应该反映篮球运动的规律，并体现篮球运动的价值。基本素质包括良好的身体状况、临场风度、专业技能、执裁技艺等。

①良好的身体状况

篮球裁判员必须具备一些特定的条件，才能适应他所从事的工作。篮球运动的发展使运动员的身高日趋增加，在中国，要求裁判员的身高不低于1.8米，否则将影响其观察的视线和范围。同时，裁判员的体能是非常重要的一项指标。研究表明，裁判员在执裁一场高水平的篮球比赛中奔跑距离为4000～10000米，其间要对场上出现的各种违反规则的行为做出迅速判罚，体能不佳是导致裁判员反应速度下降的主要因素。

②临场风度

临场风度是对人体美的一种综合的、高层次的评价，是指篮球裁判员临场时的仪表、举止、姿态、言谈、作风等综合体现的一种美。优秀裁判员的特点，就是风度不凡、自信、镇定、目光敏锐，使参赛的运动员和教练员顿生敬畏。

风度源于坚定的事业心、良好的思想修养与高尚的职业道德，这是每个裁判员的行为准则。在执裁中，裁判员要精通规则和裁判法，熟练掌握过硬的裁判业务，要用“实事求是、敢于宣判、作风顽强、干脆利落、准确无误”的作风赢得观众、教练员、运动员的信任与尊重。

③专业技能

专业技能是裁判员执法的基础，包括两部分内容：一是视野与移动，广阔的视野是篮球裁判员及时准确地判断赛场情况的先决条件；二是鸣哨与手势，哨声是篮球比赛中的主要信号，是裁判员临场指挥比赛的武器，鸣哨要求单声、短促、洪亮。手势是篮球运动特有的形体语言，是临场执裁的主要外在表现形式，是篮球裁判员与运动员、观众交流的一种特殊的方法，也是篮球裁判员向记录台交代中止比赛原因的特定方式，所以，对裁判员手势的要求是：规范、清楚、果断、大方。

④执裁技艺

执裁技艺是裁判员临场能力的综合体现，它集中反映在裁判尺度上。首先，裁判员要对正确合理的动作和行为给予肯定和保护，对错误的非法动作和行为给予禁止和判罚，从而保证比赛在规则的范围内顺利进行。优秀的裁判员除了公正，就是“尺度”掌握得好。或者说“分寸”掌握得好。其次，裁判员要多学习别人的判罚技巧，加强裁判理论学习，在深刻理解、吃透规则精神的基础上去很好地掌握判罚尺度，提高自己判罚的准确性。最后，裁判员要能站在篮球运动发展的高度上“执裁”，使判罚有利于对抗风格的形成，有利于篮球技战术水平的提高。

（3）球场观众的基本素质

当我们在篮球馆观看比赛时，作为一个文明的观众应做到以下几点：

一是在入场前，应自觉遵守体育场（馆）规定，凭票按时、按顺序入场，对号入座，举止文明。

二是不要轻易离场，手机要开启振动模式，看完比赛后再回电话，切不可在场内打电话。

三是要学会为运动员的精彩表现鼓掌，给予运动员鼓励，不喧闹起哄，不辱骂运动员和裁判员，不向比赛场地投掷物品或进行妨碍他人的不文明行为。

四是衣着干净、整洁、保持清洁卫生，不在场内吸烟，不随地吐痰和乱扔废弃物。

五是遇到紧急情况，不要慌乱，要听从工作人员的指挥；若有烟雾，应尽量低头、弯腰撤离；年轻人要照顾老幼，要有秩序退场。

六是要爱护公共设施，不蹬踩座椅，不在建筑物或座椅上涂写刻画。

（4）体育场馆设备状况

篮球场地要平整，有较好的摩擦力。场上标志线条要准确、清晰、色彩鲜明。地板、篮架和篮板的材料要符合国家的质量标准，篮板和篮圈的离地高度准确。球场上的灯光符合国家标准，篮球场上的每一个角落光线均匀，每个座位都非常舒服、安全。

体育馆场地除设备，体育馆应把建筑声学、扩音系统、噪声水平三者综合考虑，才能达到良好的效果。配备适当的扩音设备降低空调噪声，使音质及声学特性达到最佳的结合点。

体育馆的显示系统要能清晰、及时、准确地显示体育比赛的信息，通过多媒体技术显示比赛的实况，烘托和营造紧张热烈的比赛气氛。同时要采用计算机网络系统作为电子显示系统的硬件、软件平台，以便充分利用网络平台达到信息管理共享。

体育场馆的安防系统应包括出入口管理系统完善、安全检查设备（系统）运行良好、实时监控系统良好、通信指挥系统通畅。

（三）篮球运动技战术风格的欣赏

1. 美洲球队的主要风格

（1）美国职业篮球进攻技战术的主要特征

①以个人强攻为主

美国职业篮球的绝大多数成员都拥有出色的身体素质、较强的应变能力、全面的技术以及较强的创造性，因此，他们的进攻方式主要是个人强攻。在努力争抢篮板的过程中，他们起跳及时、动作强悍、抢球动作运用自如，往往能在意识上和精神上给对手以打击，展现出了极强的身体优势与技术优势。不过，以个人强攻为主并不意味着他们与同伴的协调合作能力就弱，这里所说的个人强攻为主也是建立在团队默契合作基础上的，二者相辅相成，只有这样，才能确保个人强攻所带来的优势能充分发挥作用。

②以快为主

美国职业篮球运动员的进攻节奏也比较快，往往在对方刚刚意识到的时候便已经开始了，以迅雷不及掩耳之势完成进攻，获得分数。这种策略的核心思想是提高攻守阶段速度以及攻守转换速度，这样才能增加快攻反击次数，进而增强快攻得分率。

③以传、接球为主，拼抢有利空间

美国职业篮球运动员的传球意识和传球技术都很强，他们具有很强的控球能力、应变以及预见能力，速度快、准确性高，创造性和隐蔽性也比较强，常常在对手还没有发觉的时候就已经将球传到队友手里。通常，他们在发动和推进快攻以及前场转移的时候采用传球技术比较频繁。在篮球赛场上，有利空间往往也意味着更多的优势倾斜，因此，很多运动员都会去拼抢有利空间。美国职业篮球运动员拼抢有利空间的意识也比较强，例如，在拼抢篮板球时，他们会抢先跳起来，以最先占据有利的获球空间；在投篮的时候，突然起跳或者使用假动作来抢占有利的投篮空间，从而使对手无法成功起跳或者违反规则，为己方争取有利条件。

④以内为主、内外结合

通过对美国职业篮球运动员的进攻技术与战术进行分析研究可以发现，他们往往都是在尽可能地近距离靠近篮球筐的时候发起进攻，展现出他们进攻区域的一个主要特点。这样做的好处是可以更加准确地进行投篮，同时能为外线球员创造攻击机会，也容易使对手球员犯规获得罚球机会。

（2）美国职业篮球防守技术与战术的主要特征

①强调个人防守技术与能力

美国职业篮球队强调培养球员的个人防守能力，具体来说，着重培养球员的四个方面能力：第一，球员要有较强的防守意识，时刻注意对手球员的攻击动作；

第二，球员要有较强的拼抢篮板球能力；第三，球员要有较强的身体素质以及持之以恒的意志，在此基础上不断提升个人防守技术；第四，球员要有较强的整体协防能力，要能与团队其他人合作共同做好防守。

②强调在无球状态下，以防接球为主；在有球状态下，以防投篮为主

当对手手中没有球的时候，防守队员的主要任务是防止对手接球。当对手在前场接球的时候，防守队员可以实施攻击性防守策略，主动靠近，以攻为守，不断挥舞手臂，以对其进行干扰和阻挡。当对手手中有球的时候，防守队员的主要任务是防止对手投篮得分，这时防守队员就要改换策略，提前起跳以抢占投篮空间，阻止对手投篮。

③强调内线的空间网防守

美国男子职业篮球联赛球队在重视个人的防守能力提高的同时，十分重视防守策略和防守整体协同配合，他们强调以篮筐为核心、以球为目标的内线防守。当对手在罚球线获球时，防守队员会积极主动形成多层次的空间防守体系：第一层是最靠近对手的防守队员快速地贴近对手，用身体和手臂抢占对手的投篮空间；第二层是临近防守队员快速回缩夹击对手，使对手无法做下一个攻击动作；第三层是同侧或弱侧的同伴快速回缩补防，抢占有利空间，快速起跳，在空中封盖对手的投篮。

2. 欧洲球队的主要风格

欧洲篮球近年来发展迅猛，逐渐与世界篮球发展趋势相接轨，并形成了自己的风格，在世界篮球中占有重要地位。主要以西班牙、希腊、立陶宛三个国家为代表。

欧洲篮球的技战术打法主要特征如下：

（1）进攻技术

欧洲篮球技战术的主要特点是投篮时机选择合理，投篮的区域集中在近投区，其次是远投区，中投次数少；投篮技术运用娴熟、实用，以接球直接投篮方式为主；后卫的技术全面，得分能力强，前锋中远投能力强，中锋接球的内线策应进攻能力强。传球次数较多，球的转移快，传球技术好，失误率低。突破技术的运用以运球突破为主。

（2）进攻战术

进攻战术形式以盯人为主，落位阵型多采用 1—2—2 阵型和 2—3 阵型；阵地进攻中的基础配合以掩护为主要方式，其次是突破分球，传切、策应运用较少；快攻以二人、三人快攻为主要形式，发动快攻以抢断球为主，推进方式以运球推进为主，结束方式多为上篮；二次进攻效率高，得分效果明显。

（3）防守技术

防传球时攻击性强，积极主动地封锁传球路线，有效地干扰对方的传接球；防突破采用集体防守，补防及时到位。

（4）防守战术

防快攻参与人数多，退防及时；防守基础配合时，队员之间有很好的协作和默契，抢过、穿过、绕过、补防、交换使用较多。以半场的人盯人为主要防守形式，很多情况下是半场人盯人防守和联防防守混合使用，对重点球员采用紧逼盯人防守的战术，对重点区域进行集体防守，很好地弥补了联防防守的不足。

3. 亚洲球队的主要风格

中国、日本、韩国是亚洲球队的主要代表，在身高处于劣势的情况下，能较好把握现代篮球运动的固有规律和发展方向，结合自己的实际情况，充分发掘自己的优势，其特点主要有以下几个方面：

一是积极主动、快速灵活、拼抢积极。

二是“以小制大”。亚洲的球队与欧美的球队相比，身高明显低于他们，体重比他们轻，身体素质不如欧美球队的球员。然而，他们的实战能力非常出色，练就了一整套有鲜明特色的看家本领，即“以小制大”，该战术给一些世界强队制造了许多麻烦。

三是外线快、灵、准。在世界大赛中，亚洲各球队由于内线实力过于薄弱，总把希望寄托在外围远投上，往往把球传给外线球员，发挥外线球员的作用。无论是职业队，还是国家队，都采用三角外围投篮的战术，发挥外线快、灵、准的特点。

四、高校篮球文化

在高校中，篮球运动已经成为体育运动的重要组成部分，它不仅能强身健体，还对学生有教育作用。因此，高校篮球文化的构建十分有必要。

（一）校园篮球文化的定义

关于篮球文化的定义，目前还没有统一的观点，国内有代表性的几个观点有：李元伟认为：“篮球文化是指观赏和参与篮球运动的人的思维方式和行为方式的制度化凝结，是篮球运动的知识、技能、习俗和制度的总称。”①李颖川、孙民治等认为：“篮球文化也是世界各地域人群，通过从事篮球活动过程，围绕本体特征不断总结、创新、发展形成的各种有形与无形的，物质与精神的，内容与形式方法的总称。”②而对高校篮球文化的定义也是观点不一，许奋奋认为：“高校篮球文化是指以高校校园为空间，以大学生和教师参与为主体，以篮球运动为主要内容和运动手段所创造的篮球物质财富和精神财富的总和，其表现出一种具有高校独特形式的大学生群体文化生活。”③舒刚民在《对高校篮球文化建设的探讨》中对高校篮球文化的阐述是篮球文化在大学校园里滋生、培育和发展的一种文化现象，其含义的本质等同于篮球文化，两者的关系属于概念的外延和内涵。

通过对上述的这些观点进行分析综合可以发现，高校篮球文化是指高校中以篮球运动为中心的一切物质、制度、精神等的总称。高校篮球文化是校园文化的子文化，同时它属于篮球文化的一个重要组成部分，二者是从属关系。

（二）高校篮球文化的教育作用

1. 团队精神的教育

人们生活在现代社会中，免不了要与其他社会成员产生联系，共同完成某件事情或任务。因此，团队精神是当代人们必须具有的一种基本素质。而且，对于社会上的人们来说，这也是他们得以成功与发展的重要前提条件。篮球运动是一项集体运动，需要竞争双方两个集体来参与。在篮球运动中，无论是基础配合还是团队战术，篮球队员都离不开与其他成员的合作，在此过程中，他们可以更好地了解团队内的其他成员的优劣势，与他们相互磨合，协同合作，从而将团队精神淋漓尽致地展现出来。

---

① 李元伟．李元伟篮坛风云路 [M]. 北京：中国书店，2010.

② 李颖川，孙民治，于振峰．新视角下的篮球文化内涵、现状与趋势的再研究 [J]. 北京体育大学学报，2006（6）：726-730.

③ 许奋奋．新时期篮球文化与校园文化和谐发展研究 [J]. 河北体育学院学报，2009（3）：13-15，24.

团队精神是社会成员必不可少的基本素质，大学生虽然没有走上社会，但是应当为走上社会做好准备。在高校中，利用高校篮球文化对学生进行团队精神教育十分有必要，这不仅能使学生更好地与其他同学相互合作，也有助于他们提前适应社会，意义重大。

2. 竞争精神的教育

竞争性是人的天性之一，它要求人具有顽强的意志品质与拼搏精神，篮球运动在强调协作的同时，对个人竞争精神与顽强拼搏精神也提出了极高的要求。它体现着人的表现欲、竞争欲，参与篮球运动在无形中就已经接受了竞争精神与顽强拼搏精神的教育。

3. 社会规范的教育

在当今的法治社会，人们之间的行为依赖于必要的事前规则的规范与约束，而不可能决定于某些个人意志。开展高校篮球运动，有利于大学生规则意识的内化，它既是一种精神文化，也是一种行为文化，对人们的社会生活、人际关系有着调节、控制和引导的功能，它在人和社会的关系中起到调节与稳定的作用。在参与篮球运动时，篮球规则是参与者所必须遵循的约束机制，对于违反规则的行为都有相应的处罚，最重的惩罚莫过于剥夺参赛资格。这种严格的参与准则对于大学生规范自己的行为，走上社会后遵守法律法规具有启蒙的作用。这种规则意识内化以后，使人们在行为过程中，会不自觉地形成一种遵守规则的意识。

（三）高校篮球文化对大学生的凝聚功能

凝聚力是指一个集体或团队在面对困难或挑战时能够团结一致、共同努力的能力，它需要通过人们共同的思维方式、价值观念、生活习惯、行为方式等方面来实现，而体育文化在这些方面的凝聚功能是许多文化难以比拟的，这种凝聚功能在高校篮球文化中主要体现在正式的篮球比赛中。每个参赛队的背后都有一个班级、一个学院、一个学校的师生作为后盾，他们在一定程度上代表着这些团体，正是他们把这些团体凝聚在一起。通过篮球文化的纽带作用，使大学生产生共鸣，形成共同的价值观和行为方式，成为连接他们情感世界的黏合剂，从而使他们形成强烈的向心力、凝聚力和群体意识。

在大学生篮球联赛中，这种凝聚作用更能充分体现出来。在中国大学生篮球联赛开赛期间，一些高校师生们为了迎接主场的比赛，全校上下一心，从球队到球迷、啦啦队、舞蹈队、工作人员等，无不为之奔跑忙碌。校园中随处可见海报、横幅、宣传栏、吉祥物，各种文体宣传活动红红火火，这些行为都是来自师生们从心中迸发出来的荣誉感、自豪感、归属感。在比赛场上，他们毫不掩饰自己对赛事的关注和对本校队伍的热切期盼，为其呐喊，为其鼓呼，将热爱与真心倾情注入，在他们心中，中国大学生篮球联赛（简称 CUBA）是团结向上的精神纽带，是催人奋进的凝聚力。

经常参与或观看有本校篮球队参加的比赛，会强化对学校的归属感，从而形成对学校的认同。通过篮球运动能把学生凝聚起来，努力获得荣誉、为学校的发展贡献自己的力量。从这个方面来说，高校篮球文化对大学生具有凝聚功能。

第三节　篮球运动与健康

一、篮球运动对身体形态的影响

（一）篮球运动对骨骼的影响

1. 篮球运动对骨骺的影响

青少年骨骼中有机物含量较多，发育得十分迅速，有较强的可塑性，因此，这个时期的人的身高有明显增长。使骨增长的就是骺软骨，它生长在人的长骨两端，在青春期的时候，它生长得最为迅速，而在青春后期，大约 18 岁的时候，大部分骺软骨已经生长得十分缓慢了，甚至已经停止增长，这时候人的身高大部分已经定型了，往往不会再有比较明显的增长。如果人们在青少年时期进行适宜的篮球运动，可以刺激骨骼，有助于增进血液的流通，改进骨骼的营养状态，加速骺软骨的增生和骨化增长，进而促进骨骼的生长发育。

2. 篮球运动对骨密质的影响

骨密质属于骨组织的一个组成部分，它主要分布在骨骼外侧以及长骨骨干部分。研究表明，对于青少年来说，对其施加低等和中等强度的运动负荷，有利于促进他们骨密质的形成，从而进一步促进骨的生长发育，提升骨的质量和性能。通常情况下，肌肉负责运动和维护身体的姿势，它对骨骼具有牵拉作用，当人们在进行篮球运动的时候，肌肉的牵拉会增大骨表面的隆起，从而增高骨密度，增粗管状骨，优化骨骼的形态结构，提高骨骼的抗弯、抗压、抗扭曲、抗折断的机械性能。

3. 篮球运动对骨松质的影响

骨松质分布于长骨的骨骺和骨干的内侧部分，是大量针状或片状骨小梁相互连接而成的多孔隙网架结构，网孔即骨髓腔，其中充满骨髓。大量的研究表明，篮球锻炼使骨小梁新骨形成增加，骨小梁排列更有序化，使与重力方向一致的压力曲线和适应于肌肉拉力的张力曲线更符合力学要求。

（二）篮球运动对肌肉的影响

经常运动能增强肌肉的力量，加速血液循环，促进新陈代谢。人体运动的实现主要依靠骨骼肌，它通过收缩，围绕着关节拉动骨骼，使运动得以产生。通过科学、合理的锻炼后，为了更好地与之相适应，骨骼肌的形态、结构、功能等都会发生变化。

1. 篮球运动对肌肉体积的影响

肌细胞是肌肉活动的基本功能单位，它又可以被叫作肌纤维。通常情况下，相比不经常运动的人来说，经常参加篮球运动的人的肌纤维直径和横断面积将会变大，肌肉体积也会不断增加。

2. 篮球运动对肌肉结缔组织的影响

篮球运动过程中肌肉反复牵拉，不仅可以使肌腱和韧带中的细胞增生，也可以使肌外膜、肌束膜和肌内膜增厚，肌肉变得结实，抗牵拉强度提高，从而增强了肌肉抗断能力。研究表明，力量练习可使肌膜增厚，抗牵拉强度提高。

3. 篮球运动对肌肉收缩的影响

在篮球运动中，运动员的身体时常需要做快速起动、变向跑、侧身跑、变速跑、运球变向、急起急停、急停跳投等动作，这些动作都是以人的踝、膝、髋为轴，通过脚蹬碾的力量、腰腹力量、手臂摆动力量，带动躯干灵活地运动，来改变身体位置、方向和速度。在篮球运动中，原动肌、对抗肌、固定肌与中和肌所起的作用虽然不同，但它们共同收缩、相互配合、共同协调，以确保动作的正确完成。篮球运动能改善和提高这些肌群的协调性，使肌肉收缩能以有效、直接的方式来完成某一动作，从而使肌肉收缩的效率得到充分发挥。

二、篮球运动对身体机能的影响

身体机能是指人的整体及其组成的各器官、系统所表现的生命活动的能力。篮球运动主要对人的心血管系统和呼吸系统机能产生影响，下面进行简要分析：

（一）篮球运动对心血管系统机能的影响

1. 篮球运动对心脏泵血功能的影响

（1）心腔扩大

篮球运动不仅包括水平方向上的奔跑、攻击，还包括垂直向上的跳跃运动，运动量比较大，强度比较高，这就需要消耗很多的营养物质和氧气，同时产生很多代谢废物，为了及时地输送氧气和营养物质到身体所需要的地方，带走代谢废物，就需要加快血液循环。因此，在进行篮球运动的时候，运动员身体的血液循环不断加快，会使心肌增厚，心腔扩大，包括左、右心室及左心房扩大。

（2）心肌收缩力增强

相比平常，人们在进行篮球运动的时候，心脏的输出量持续保持在一个较高水平，使心肌合成代谢增强，心肌收缩蛋白增加，心肌纤维有不同程度的增粗肥大，心肌细胞的功能活动增强。同时，毛细血管功能活动增强，这些都有利于心肌运动时氧的弥散与营养物质的供应。研究表明，篮球运动可使心肌细胞内毛细血管分布与功能结构增多。心脏的这些结构与功能的改变，将有利于心肌有氧氧化供能，促进心力储备和心肌收缩功能增强，使心脏每次搏动输出量增加。

（3）静脉回流量增多

篮球运动的强度比较大，能使运动员大脑皮层兴奋，肾上腺素和去甲肾上腺素分泌增多，心脏搏动速度进一步加强，从而使血液循环加快，血液得以重新分配，静脉回流量增大。另外，经常参与篮球运动，肌肉不断增多，肌肉的物质代谢也进一步增强，代谢物不断增加累积，肌肉血管舒张，加强冠状动脉的呼吸运动，胸膜腔内压增高，有利于静脉血液回流，使心脏舒张末期的容积增加。

2. 篮球运动对血液循环系统功能的影响

（1）对血管数量的影响

经常参加篮球运动能增加骨骼肌内部以及心脏周围的毛细血管的数量，从而有利于促进器官供血，提高器官功能。与不运动的时候相比，经常参加篮球运动的人的骨骼肌细胞能获得更多的营养物质和氧气，为运动系统提供动力，促进肌肉的进一步拉伸和收缩，经常参加篮球运动还可以使人的心肌血液供应更加充分，提高其对氧气的利用率。

（2）对血管壁的影响

相比不怎么运动的人来说，经常参加篮球运动的人的动脉血管壁的中膜将会增厚，平滑肌和弹性纤维增多，中等动脉的平滑肌细胞和大动脉的弹性纤维将会进一步增长。

（3）使血氧饱和度增高

在人体血液之中，血红蛋白（Hb）是氧的载体，它可以与氧气相结合，将氧传送到它要去的地方，当到达指定地点之后，它还可以与氧解离。血氧饱和度就是指血液中血红蛋白（Hb）与氧结合的程度，反映出血液运输氧的能力。除此之外，肌红蛋白也可以运载氧，将氧送到它要去的地方。经常参与篮球运动，能增加肌红蛋白的数量，还能提高人体的血氧饱和度，使血液运载氧的能力大大提高，从而进一步提高机体内部的含氧量。

（二）篮球运动对呼吸系统机能的影响

1. 篮球运动对肺活量的影响

（1）肺活量的含义

肺活量就是指人体在尽最大努力吸气的时候所能呼出的最大气量。它是一种十分常见的测定肺通气机能的指标，能够反映出一个人的一次通气的最大能力。每个人的肺活量都是不同的，这与其本人的年龄、性别、胸廓弹性、呼吸肌力量、体表面积等都有着很大的关系。

（2）肺活量的提升

篮球运动能够提升人们的肺活量，改善人体的生理机能。通常情况下，成年男性的肺活量在3000～5000毫升之间，成年女性的肺活量在2500～4000毫升之间。篮球运动能够扩大人的胸围，加深呼吸程度，有助于呼吸肌的扩展。因此，相比普通人来说，经常参与篮球运动的人，肺活量能够得到增强，可达到7000毫升左右，运动员的有氧运动能力亦得到了显著提升。

2. 篮球运动对最大吸氧量的影响

（1）最大吸氧量的含义

人体在进行大肌肉群参加的长时间激烈运动时，心肺功能和肌肉利用氧的能力达到本人的极限水平，单位时间所能摄取的氧量称为最大吸氧量，通常以每分钟为计算单位。最大吸氧量是反映机体氧运输系统的工作能力，评价人体有氧工作能力的重要指标。

（2）吸氧量的提升

人体通过呼吸系统摄取到氧气，还要通过心血管系统把氧输送到组织器官。研究表明，经常参加篮球运动可以提高心脏的泵血能力、血液运输氧的能力和肌肉利用氧的能力，使肌肉中的毛细血管增加、线粒体数目增多和体积增大，促进静脉血液回流、有氧氧化酶的活性增加、肌红蛋白含量提高、最大吸氧量增大。

三、篮球运动对身体素质的影响

（一）篮球运动对力量素质的影响

1. 肌纤维增粗

与普通人相比，经常进行篮球运动的人的肌纤维数量会增加，肌纤维会增粗，肌原纤维会增多，从而使骨骼肌组织进一步成长壮大。

2. 募集更多的运动单位

运动单位就是指肌肉收缩的基本单位，它由一个运动神经元及它所支配的所有肌纤维构成。篮球运动的时间比较长，球员们的四肢都被调动起来，是一项遍及全身的运动，能锻炼到全身的肌肉。随着运动负荷和强度的不同，它所募集的肌纤维也不同。当运动负荷和强度比较小的时候，慢肌纤维被募集；当运动负荷和强度比较大的时候，快肌纤维也被募集。经过长时间的适应之后，球员的神经系统能得到较好的适应与协调，逐渐降低或抵消肌体的自身抑制机制，募集更多的肌纤维，相同的肌肉就能产生更大的肌力。

3. 篮球运动能提高力量素质

在篮球运动过程中，球员会执行各种运动姿势，如跑、跳、争抢、防守、投篮等，这些运动姿势需要身体各个部位的协调配合，可以充分锻炼人体的各大肌群，对其身体进行全面锻炼。因此，可以说，篮球运动能够提高力量素质。

（二）篮球运动对耐力素质的影响

1. 篮球运动对速度耐力的影响

篮球运动员的专项耐力素质主要是指速度耐力，它显示篮球运动员在规定时间内完成大强度的运动能力，在40分钟的篮球比赛中，攻防节奏不断变化，运动员必然要进行有氧代谢，需要具备良好的有氧代谢能力。同时，篮球比赛具有强度大、变化多、对抗性强的特点，运动员在比赛中要进行时间与空间、速度与高度的争夺，每个回合的跑、跳、投等快速动作多数是在无氧状态下进行的，所以运动员又需要具备良好的无氧代谢能力。无氧耐力是速度耐力的生物学基础，也是篮球运动必要的专项素质。所以，经常参加篮球运动，能提高速度耐力素质。

2. 篮球运动对一般耐力的影响

经常参加篮球运动，肌体有氧氧化能力提高，血乳酸清除速度加快，脑对血乳酸的耐受力得到提高。现代医学证明：长期的运动训练可促使人体心血管系统的形态、机能和调节能力互相配合，从而提高人体工作能力。用二维超声心动图测定篮球运动员的左心室功能，测出各项指标均明显高于一般人。实践证明，经常参加篮球运动，有利于发展一般耐力素质。

（三）篮球运动对身体柔韧素质的影响

1. 柔韧性素质与身体健康之间的关系

（1）柔韧性是反映人体生理老化的主要指标

通常情况下，年轻人的柔韧性比中老年人好，主要是因为相比年轻人来说，中老年人的骨骼、关节、韧带、肌肉等均发生了退行性变化，功能大大减退。柔韧性主要反映的是关节的最大活动能力，中老年人的柔韧性不好，就意味着关节的最大活动能力变小了，日常行动变得更困难了。因此，身体的柔韧性是反映人体生理老化的主要指标。

（2）柔韧性素质与腰腿痛有密切的关系

柔韧性素质比较好的人往往能灵活自由地做出各种动作，而柔韧性素质不好的人在做出某些动作的时候就会比较费劲，而且，它与腰腿痛有着密切关系，腰腿痛症状除了一部分是急性外伤引起的，其余的大部分都与柔韧性素质下降、慢性劳损等有关。

2. 篮球运动可改善身体柔韧性

篮球运动中跑、跳、投、传的每一个动作，都需要全身心地参与，运动员在场上的位置不同，对全身各关节柔韧性要求也不同。因此，全身各关节的柔韧性在每一个动作中都有具体作用，任何一个部位的不协调都会影响技术动作的发挥。所以，经常参加篮球运动可以改善身体的柔韧性。

第二章　篮球教学的理论研究

本章围绕篮球教学理论研究展开论述，主要从以下四个方面进行分析：篮球教学模式、篮球教学方法、篮球教学的主要内容、篮球教育发展对策及趋势。

第一节　篮球教学模式

一、启发式教学模式

（一）启发式教学模式的理论基础

1. 认知理论

（1）加涅的“信息加工认知学习论”

加涅的理论认为，教学即为教师以学生的自身学习条件为依据，创造、设计某些适合学生学习的外部条件，让他们能进行有效的学习，并将预期的教学目标实现。另外，在教和学的关系方面，教师的教是在学生的学的基础上建立的。

现代启发式教学方法，需要在充分了解学生原来认识水平的基础上完成教学，这样才能更好地激发出学生们学习的热情，才能获得更好的教学效果。另外，要重视对学生学习能力的培养。

（2）布鲁纳的“认知发现说”

布鲁纳的观点认为：学习的本质并不是被动地形成刺激反应的联结，而是主动地形成认知结构。

对于学习者来讲，应当主动地获取各种知识，还要将所获知识和本身已经具备的知识结合在一起，并在脑海当中形成一个框架，积极地建立起属于自己的知识体系，而不应该是被动地接受知识。

布鲁纳认为教学指的是教师将知识转换成为一种以表征系统作为发展顺序，

让学生们自主地发现学习，让学生自己整理就绪，并成为学习的发现者。

现代启发论认为，学生才是教学环境的主人，才是教学的主体。因此，想要创造一个优秀的教学环境，就必须有学生积极的支持与配合。

（3）维特罗克的“生成学习论”

维特罗克是在信息加工心理学的相关研究的基础上，得出的人类学习的生成模式。

2. 人本主义理论

“以学生为中心”是人本主义教育心理学的核心，其注重学生能力的发挥，也尽力做到让学生自由、愉悦地学习。

人本主义认为，在面对学生时应给予充分的理解与尊重，并且要让他们在快乐、自由的氛围中完成学习任务。另外，要将学生的学习积极性充分地激发出来，不赞同强制性学习。当然，人本主义也不是完美的，其对人的综合、整体的全面发展不够重视，而对智育则过于重视。

对于人本主义，教师可“取其精华，去其糟粕”，争取成为一名促进学生学习的合作者、促进者以及引导者。

（二）启发式教学模式的目的与过程

在将教师主导作用充分发挥出来的前提下，以学生的认知规律以及本学科的规律为依据，将学生的求知欲望激发出来，并将他们的积极性调动起来，从而让学生最大程度获得技能与知识的一种方法，被称为启发式教学。

将学生学习的积极性、主动性调动起来，发展他们的综合能力与素质，为教学方法最主要的特点。

1. 启发式教学目的

将学生们的能动性、创造性与主动性淋漓尽致地发挥出来，使学生学习的兴趣显著提升，让他们获得全面发展，养成自主学习的好习惯，这就是启发式教学的目的。

在篮球教学当中应用启发式教学的目的在于，将学生在学习过程中的主体地位发挥出来，使他们学习篮球的积极性被激发出来，进而做到全面、灵活、熟练掌握各种篮球技巧。

2. 启发式教学过程

启发式教学的过程，一方面，是灵活多变的，另一方面，是统一协调的。另外，教师应结合自身创设的情景与学生自己发现问题来完成教学。

启发式教学的基本要求有以下两点：

一是要对学生收敛性思维与发散性思维的培养给予充分的重视。

二是要对全面发展非智力因素以及智力因素都给予充分重视。

二、“掌握学习”的教学模式

“掌握学习”理论的出发点是人人都能学习。通过集体授课的形式，“掌握学习”的教学模式对学生进行有针对性的教学，尽量保证每个学生都能完成每个篮球学习单元的目标，达到预期的教学成效。除此之外，“掌握学习”理念的价值还在于能帮助学生寻找到方法，提供合适的教学帮助学生去减少掌握知识所需的时间，从而增加学生的学习兴趣。

（一）“掌握学习”教学模式理论基础

在传统的教学模式中，教学成效的评估通常都是根据学生的成绩进行的，这样一来就会出现老师下意识地产生一些错误的观点。在布鲁姆看来，每个人的学习能力都是与生俱来的，在很多方面表现出来的差异都源于后天的人为因素的影响，而非智力方面的差异。所以，如何改进教学模式，帮助学生找到适合的学习方法是现在面临的主要问题。

在布鲁姆的研究中还表明认知前提能力、教学质量和情感前提是影响学生学习效果的因素。其中，认知前提指的是学生在学习知识前就已经具备学习知识的能力和条件；教学质量就是指教师在讲课过程中设置适当的学习程度，从而达到教师讲的学生都学会了的教学目的；情感前提就是指学生在学习的过程中所持有的态度，正所谓“态度决定一切”。如果学校能从这三方面出发，根据学生的具体情况有针对性地对学生的教学方式进行改革，会更有利于提高教学的成效。

（二）“掌握学习”教学模式的要点

1. 合理的结构性教学目标

“掌握学习”进一步明确和细化了教学目标，将其划分为三个方面：主动承担学习任务，认识到学生本职所在的情感目标；明白教材含义，了解动作的原理、特点、要点、技术结构、应用时机以及发力顺序的认知目标；通过“反馈—矫正”，在大脑中建立动作表象，促进技术动作不断规范和完善的技能目标的实现。“掌握学习”教学模式根据篮球教学自身特点，明确建立多层次的目标体系，严谨和细化篮球教学的目标。

2. 完整有效的教学评价体系

“掌握学习”教学模式将教学评价主要分为诊断性评价、形成性评价和总结性评价三种。其中，诊断性评价是教师在课前对学生的篮球技术以及身体素质等基本情况进行评价，以此作为制订和实施教学计划的依据。形成性评价是在授课中对学生在学习和练习中出现的错误技术动作进行即时的反馈，纠正错误；总结性评级是学期末对学生整个学期的学习情况作出评价。诊断性评价、形成性评价和总结性评价三者相互联系、互为因果，三者结合组成一个完整的体系，贯穿于篮球教学的始终。

3. 兼具集体性和个别针对性的矫正措施

教师进行集体授课，并将相关的教学内容传授给学生，学生在对教师授课内容理解的基础上进行模仿练习，在此期间教师仔细观察和分析学生的练习情况并从中获得大量的反馈信息，这种反馈信息有利于教师对学生进行纠正，采取矫正措施。学生在学习过程中各方面身体活动会表现出明显的共性，也会存在一些个体性差异，教师通过观察这些共性和个性，设计出更为合理的练习手段，有利于进一步提高学生的篮球技术水平和篮球教学质量。

4. 更重视感情因素的影响

“掌握学习”教学模式关注教师的教学态度以及教师在教学中对学生的态度，教师的教学热情提高，则会进一步加深师生之间的联络和情感，有利于为教师教学以及学生学习营造平等、轻松的教学环境和氛围。在此环境中学生的团结互助精神以及合作精神能得到明显的提高，进一步激发了学生的学习兴趣，培养学生的学习情感，使学生能积极投入学习，形成正确的学习情感认知，树立正确积极的学习目标和学习动机，进一步提高高校篮球教学效果。

第二节　篮球教学方法

教学方法是指在教学过程中，教师和学生为实现教学目的、完成教学任务而采取的教与学相互作用的活动方式，是教学过程整体结构中的一个重要组成部分。

一、动作练习法

动作练习法是体育教学中特有的基本方法，又称身体练习法。学生掌握动作技术、技能，锻炼身体，增强体质，都需要通过反复练习来实现。所以，动作练习法对实现篮球专项教学目标具有重要的意义。篮球教学中常用的动作练习法主要有：重复法、变换法、持续法、间歇法、循环法等。

（一）重复法

重复法是根据练习的需要，在相对稳定的环境下，对一种练习进行反复操作的方法。固定的条件有训练的场地和器材、动作的结构以及运动负荷数据等。重复法的特点是练习的条件固定并反复进行练习，对于练习的间隔时间没有严格的规定。重复法的主要作用是有利于学生在反复的练习中掌握和巩固动作技术，对体能的发展和提高与意志品质的培养和促进是非常有利的。因此，重复法通常在掌握动作技术、技能和发展各种身体素质时采用。

（二）变换法

变换法是根据练习的需要，在变换的条件下进行练习的方法。变换的条件通常有动作内容、形式、组合结构、运动负荷的表面数据以及环境、设备等。变换法的特点是练习条件的变换。因此，它可以有效地提高学生中枢神经系统和身体各器官系统间的协调能力，对环境和负荷的适应能力以及练习的积极性和运动技术水平。

运用变换法的注意事项：

根据特定需要选择和安排变换的条件。变换什么条件要根据实际需要有针对性地安排，对变换的条件和内容要作出明确的要求和限定。

用于发展学生体能时，要使运动负荷符合练习的要求以及学生的负荷承受能力。

运用变换法练习时应注意对正确动作的干扰，防止动作错误的产生。

（三）持续法

持续法是在相对较长的时间内，用相对稳定的强度，不间歇地连续进行练习的方法。持续法的特点是练习时间相对较长，一次练习的量较大，强度相对稳定。因此，运用持续法可使学生心血管系统和呼吸系统的机能得到稳步的提高。运用持续法时应注意的事项：

因人而异，控制好负荷强度。在体育教学中，要依据不同教材、季节气候和学生的体质妥善安排运动负荷。如果练习强度较大时，就要缩短练习时间，如果延长练习时间时，练习强度就不能太大。

加强医务监督。教师在教学中要善于观察学生练习时所产生的生理、心理反应，及时进行调整。

加强思想教育。由于持续法较枯燥，因此，教学中除广泛采用多种练习组织形式，应不失时机地培养学生吃苦耐劳、坚忍不拔的意志品质。

培养学生自理、自控的能力。教学中应向学生传授持续法的基本知识及控制与调节运动负荷的方法，使学生自觉地、科学地参与练习。

（四）间歇法

间歇法是在一次（组）练习后，严格控制间歇时间，在机体未完全恢复的情况下又进行下一次练习的方法。间歇法由每次练习的时间和距离、练习重复的次数和组数、每次练习的负荷强度、每次（组）练习的间歇时间和间歇时的休息方式等五大要素构成。根据五大要素，可组成不同的间歇练习方案。间歇法的主要特点是每次练习间有间歇，但必须控制间歇时间和休息方式。即机体还没有恢复，就要进行练习且要采用积极性的休息方式。因此，间歇法能有效地提高练习者呼吸系统和心血管系统的机能。由于间歇法对机体的影响较大，所以，应注意总负荷和局部负荷的安排和控制。

（五）循环法

循环法是教师根据教学要求，选择若干练习或动作，分设若干作业点，要求学生在每个作业点上完成规定的练习内容和任务，然后转到下一个作业点，依次完成全部作业点练习。做完一轮可再重复下一轮练习。

循环法既是一种练习方法，又是一种教学组织形式。它的主要特点是能有效地增大练习密度和运动负荷。同时循环法采用的练习大都是学生已基本掌握的、简单易行的，并具有一定针对性。所以，循环法大多用于发展学生的身体素质和肌体机能。

二、学习指导法

（一）语言法

语言法是运用各种形式的语言指导学生学习的方法。在篮球教学中，语言法的正确使用对顺利完成教学目标，提高教学效能有重要的意义。首先，能使学生明确学习目标、激发学习动机、实现师生互动；其次，可以启发学生学习的积极思维，加深对教材的理解；最后，还有利于培养其分析问题和解决问题的能力。篮球教学中常用的语言法的形式主要有：讲解、口令和指示、口头评定、口头汇报、默念和自我暗示。

1. 讲解语言法

讲解语言法是指在篮球教学中，教师用语言向学生说明教学目标、动作名称、作用、要领、方法、要求，以指导学生进行学习的一种方法。讲解是篮球教学中运用语言法的一种最主要、最普遍的形式之一。

篮球教学中讲解的要求：

讲解目的明确并具有教育性。根据教学的具体目标、内容、要求、教学进程以及学生的实际情况，有的放矢地进行讲解。

讲解要生动形象、简明易懂。讲解时要正确使用体育专业术语，广泛采用比喻、口诀、概要等形式生动形象地进行讲解。要注意突出教学的重点、难点、关键，要口齿清楚、用词贴切、层次分明，并符合学生的程度。

讲解要富有启发性。讲解时教师要善于设问质疑。可通过提问、引导、联想等方式使学生积极思维，使学生看、听、想、练有机地结合，以取得良好的讲解效果。

讲解要精，练习要多。在教学过程中，教师应根据实际需要判断和运用讲解，该讲则讲，能少讲不多讲，把更多的时间留给学生自己主动地去学习、练习和体验。这就要求教师除了抓住重点和关键，还要放手让学生自己去探索和尝试。

2. 口令和指示

口令和指示是教师以最简明的语言，以命令的方式指导学生学练习的一种语言法形式。如在队伍的调动、队形的变换时经常采用口令和指示。教师在运用口令和指示时，要声音洪亮、节奏分明、发音准确有力。

3. 口头评定

口头评定是指教师根据教学目标和要求，以简明的语言评价学生学练效果、成绩和行为的一种语言法形式。例如，学生在练习过程中或练习后，教师的“很好”“有进步”等一句话评价。这种口头评定有利于激发学生的学习兴趣，使学生及时发现自己的不足，提高学习效率。教师在运用此法评价学生时，要准确及时，以鼓励为主，并注意指出学生的主要缺点和不足。

4. 口头汇报

口头汇报是指教师要求学生根据教学的要求和自己对动作学习的体验，简要分析说明自己见解的一种语言法形式。这也是促使师生信息交流，启迪学生积极思维，培养和提高学生表达能力、自我分析和评价能力的一种有效方法。

5. 默念和自我暗示

默念和自我暗示是指学生在练习中，通过指示性的默念字句，暗示自己努力做好动作的一种无声的语言法形式。默念和自我暗示可以在头脑中激起有意识的活动，提高对动作技术的深入理解，并可针对自己存在的问题，抓住关键，有助于纠正错误动作，回忆教学进程。

（二）直观法

直观法是指在篮球教学中教师通过实际的演示或外力帮助，借助学生的视觉、听觉、触觉和本体感觉器官来直接感知动作的教学方法。常用的直观法教学方式主要有：动作示范、教具和模型的演示、助力和阻力、定向和领先以及一些条件诱导等。

第一，动作示范是指以自身的动作示范给学生观摩，指导学生进行学习的一种方法。动作示范主要分为正面示范、侧面示范、背面示范、镜面示范以及完整示范、局部示范，还有常规示范、慢速示范、静止示范等。

第二，教具和模型的演示是通过挂图、图表、照片、模型等直观教具所进行的一种再现动作的方式。当动作技术较复杂，动作示范难以充分显示动作的结构、过程、细节、时间与特征时，可借助于教具和模型的演示。教师要根据教学的实际需要选择、使用教具、模型，并注意演示的程序、时机，以提高教具模型演示的直观效果。

第三，条件诱导与限制是以某种条件为诱因或限制，以达到直观目的。篮球教学中的条件诱导与限制的形式很多，如助力、阻力、定向和领先等形式。

助力和阻力是借助外力的帮助，或对抗的阻碍与限制，使学生通过触觉和肌肉本体感觉，体验正确用力时机、大小，辨别动作的时间、空间特点，以直接体会动作的要领。

定向是以具体的或形象的方向标志物，给学生指示动作的方向、幅度、轨迹和用力点。

领先主要是利用超前的信号和某种视听手段，对学生进行刺激或引导，以利于完成某一动作的直观方法。

（三）分解法

分解法是把整套动作具体细化为几个部分（或段落），然后逐个动作进行学习，从而达到全面掌握的一种教学方法。

分解法教学的优点是可简化教学过程，缩短教学时间，把烦琐的动作经过分解后可以提高学生学习的信心，尽快掌握动作。分解法的缺点是如果使用不当容易使动作割裂，破坏动作的技术结构，影响动作技能的形式。

（四）预防与矫正错误法

学生在学习掌握动作技术时，出现错误动作是正常现象，动作失误也是训练中避免不了的。教师要采取合理有效的措施，及时给予预防和矫正，否则容易形成错误的动力定型。因此，在教学过程中必须采取有效的措施，对学生出现的各种错误进行预防和矫正。

预防与矫正错误法是指教师针对学生练习中产生错误的原因，有针对性地选择有效的手段，预防或及时矫正错误的一种方法。

为了有效地预防和矫正错误，先要分析产生错误的原因。通常情况下，错误动作产生的原因是多种多样的，概括起来有以下几个方面：

一是技术基础不扎实，缺乏正确的基本动作训练，对动作要领理解不深入，身体协调能力和运动技能发展不成熟。

二是受心理因素影响，紧张和缺乏自信，过度担心犯错，缺乏比赛经验和实战感。

三是认知和理解障碍，对动作技术要领理解不透彻，缺乏正确的运动技术指导，对动作细节掌握不精准。

四是注意力和专注度问题，注意力不集中，缺乏专注训练，对动作细节关注不够。

学生错误动作矫正的快慢往往与教师的指导有密切关系，要充分发挥教师在教学过程中的主导地位，对症下药，有的放矢，耐心细致。把预防与矫正错误法贯彻于篮球教学整个过程中。

三、一般教育法

在篮球教学过程中，要做到有计划、有意识地对学生实施思想教育，有利于培养其积极进取、团结互助、坚韧不拔的优良品质和完美人格，也是高中篮球专项教学的基本任务。对学生通过实施思想教育的方式来发展个性的方法很多，其中最基本的方法有：表扬法、批评法、说服法、榜样法与评比法。不论用哪种方法，都不能脱离篮球教学的特点，要围绕篮球教学活动和篮球教学内容本身所包含或承载的教育因素进行。

（一）表扬法

表扬法是对学生的优良思想行为作出肯定评价，以达到强化教育效果的教育方法。表扬能增强学生的自信心和自尊心，鼓励学生不断上进，并营造一种蓬勃向上的良好氛围。篮球教学中的表扬法可通过口头称赞、点头、微笑、鼓掌等方式表达。运用时应注意：

表扬要及时。教师要善于捕捉学生身上的“闪光点”，不失时机地给予肯定和鼓励，尤其对于后进的学生，更应给予及时表扬，以增强其上进心和自尊心。

表扬要适当。教师对于学生的表扬要实事求是，不要过分夸大。

表扬时要适当指出缺点和不足。

（二）批评法

批评法是对学生的不良行为作出否定的评价，用以克服和改正其缺点错误的教育方法。批评能使学生认识到自身存在的不足，明确标准，从而尽快地改正错误。篮球教学中可通过当众批评、个别批评、表情、眼神、手势等方式表达。运用时应注意：

批评学生要从爱护的角度出发。通过批评要使学生明白错在哪里，为什么错，有何危害，如何改正，以使其能尽快改正错误。

批评要使学生心悦诚服。教师在批评学生前一定要深入调查情况，弄清事实，有理有据。

批评要注重方式。青少年学生的自尊心较强，最好以表情、眼神及个别批评的方式进行，尽量不要采用当众批评的方式，更不应该采用体罚或经济制裁的手段。

（三）说服法

说服法是通过摆事实、讲道理等说教来影响学生言行的方法。篮球教学中的说服法通常采用讲解、座谈、讨论、谈话等方式。运用时应注意：说教时应观点明确，联系实际，符合学生特点。

运用座谈或讨论方式教学时，教师应注意启发诱导，鼓励学生广泛发言，并对问题及时总结。

要注意以事实为依据，以道理作为引导，热情耐心地实施教育。

（四）榜样法

榜样法是以模范行为、先进事例等来对学生进行鼓励、教育的方法。由于青少年学生可塑性大、模仿性强，所以，榜样对其有很大的感召力。运用时应注意：

篮球教师要以身示教。教师要通过自己的言行举止、教态、修养对学生进行潜移默化的影响，以发挥教师的楷模作用。

教学中要善于树立典范。教师要不失时机地表扬先进，树立典型，使学生学有榜样。

运用榜样法时，应实事求是，切忌把榜样特殊化。

（五）评比法

评比法是利用竞赛、检查、评估等方式在篮球教学中对学生的表现、行为进行比较评价，以鼓励先进、激励后进的一种教育方法。青少年学生好胜心较强，运用评比法可在学生中形成你追我赶的竞争氛围，能起到良好的激励作用。教学中进行竞赛评比的内容很多，既可以在班与班之间进行，也可以在小组或个人之间进行；既可以进行组织纪律性评比，也可以进行贯彻执行教学常规的评比或行为表现评比等。此外，可以根据情况进行优秀体育班级、优秀体育小组、优秀体育骨干和体育积极分子的评比活动。运用时应注意：

评比要有明确的目的。评比是一种教育手段而不是目的。要通过评比起到一定的宣传教育作用。所以，运用评比法时，对于评什么、怎样评、达到什么预期结果等均要有具体的操作计划。

评比要有明确、具体的条件和标准，要利于学生公平竞争。

评比时，要发扬民主，让大家充分发表意见。

评比的结果要及时公布和总结，以扩大评比的影响。

第三节　篮球教学的主要内容

一、理论知识

对于学习篮球技能与进行篮球活动实践来讲，篮球理论知识的教学具有重要的指导作用。

我国篮球运动教学，到目前为止已经形成了比较完善的理论知识体系，其具体内容为：篮球竞赛的组织、规则与裁判法，以及教学训练的理论和技战术分析等，通常情况下，经过学习之后，学生能熟练地掌握这些理论知识。

（一）篮球竞赛的组织

竞赛组织是确保比赛顺利进行的基础。有效的组织应该促进运动员的公平竞争，为观众提供精彩的比赛观赏。组织竞赛时，必须考虑场地的准备、竞赛的程序、安全保障、时间安排和人员分工等。场地准备不仅包括篮球场的规范设置，还应该涉及比赛所需的各种设施，比如，计分板、计时器、替补席以及为观众提供的座椅等。竞赛程序则包括赛前热身、队员名单提交、技术会议、裁判员的选择与布置、比赛进程的监督和记录等。

（二）篮球规则与裁判法

篮球比赛规则旨在确保比赛的公平性、连续性和比赛参与者的安全性。同时，裁判的角色在于执行这些规则，确保比赛的正当性和顺利进行。

篮球的规则由国际篮球联合会（FIBA）、美国职业篮球联赛（NBA）以及其他组织制定和更新，以适应竞技水平的提高和竞赛需求的变化。尽管不同组织的规则有所差异，但多数基本规则是相同的。

一般的篮球比赛是指包括 5 名球员组成的两队在矩形场地上进行，目标是将球投入对方篮筐得分，并阻止对方得分。比赛通常分为四节或两个半场，时间取决于比赛的级别和规则。

比赛规则方面，得分规则是最主要的。投篮得分根据投篮位置的不同而有所差异：普通投篮得 2 分，三分线外的投篮得 3 分，罚球得 1 分。此外，比赛中规定了界外球、24 秒进攻时间、犯规和违例等规则，这些都严格定义了球员的行为限制。

犯规是篮球规则中的重要组成部分，包括个人犯规和技术犯规。个人犯规通常涉及身体接触，如推、拉、挡、打以及非法使用身体阻拦对手。技术犯规则包括对裁判的不当抗议、违反体育道德、违反比赛行为准则等。犯规次数的累积会导致球员犯规出局或球队被判罚球。

篮球比赛的裁判系统包括主裁判和一至两名助理裁判。裁判负责监督比赛，包括但不限于判定得分、犯规、违例、计时等。裁判还必须掌握比赛规则中关于比赛的基本程序，如球权的判定、替换球员的程序，以及如何处理比赛中的异常情况。裁判在比赛中的判决是即时的，并具有最终决定权。

裁判法则是确保比赛公正进行的关键。裁判必须维持中立，对两队进行公正的判决。他们还应当具备良好的体育精神，以身作则，对比赛中可能出现的不当行为进行管理。裁判的决策需要迅速、准确，并且能适应比赛的高速变化。裁判也会使用一系列手势来传达他们的判决，这些手势为比赛的顺畅进行提供了一种非语言的沟通方式。

裁判员在比赛中还担负着教育职责，他们通过判罚来引导球员遵守规则，也通过与教练和球员的沟通来解释和澄清规则。在比赛中，裁判员需要处理各种复杂局面，包括冲突的调解、伤病的处理以及比赛中断时的应对措施。

为了保持高水平的裁判技能，裁判员通常需要进行一系列的培训和考核。这些培训和考核包括对规则的深入学习、裁判技巧的实践、裁判心理的培养以及身体素质的提高。只有通过持续的教育和实践，裁判员才能在高强度的比赛中作出快速而准确的判断。

（三）教学训练的理论

教学训练理论是篮球教学内容中极为重要的一环，包括对运动训练原理的理解、训练计划的制订、技能教学方法以及运动员身体条件的提升等。训练理论不仅要求教练员具备专业的运动医学、运动生理学和心理学知识，还需要他们能将这些理论知识转化为具体的训练内容和方法。通过科学的训练，运动员能在技术、战术、身体和心理等多方面得到全面发展。

（四）技战术分析

技战术分析是提高篮球运动员竞技水平的关键。技战术分析不仅涉及个人技术动作的研究，如传球、控球、投篮、篮下动作等，还包括团队战术的运用和对抗策略的选择。分析对手的比赛风格、制定相应的攻防策略、调整赛中战术应对不同情况，这些都需要深层次的技战术分析。通过对比赛录像的观看、数据统计的利用以及针对性的战术演练，教练员和运动员可以更好地理解和掌握技战术知识，从而在比赛中处于有利地位。

二、战术配合

战术配合方法是篮球教学中很重要的一项内容，是因为特定的战术布阵是篮球运动集体对抗所形成的主要形式。另外，在篮球运动竞赛中，战术阵势与战术配合是重要特征之一。

在篮球实践教学中，全队培养以及2～3人的基础配合，为篮球配合教学的主要内容，而且在教学过程中，教师需要达到两点要求，具体如下：

第一，应通过合理、有效的方法，来让学生认识与了解人与球移动的攻击点、路线、运用时机及其变化等内容。

第二，应当重视学生的战术配合与协作意识的培养，这样才能让他们在实战中做到配合默契、灵活。

在篮球竞赛的组织中，战术配合要求教练员深入分析比赛对手的特点，制订相应的战术计划。此过程需要考虑球员的身体条件、技术特长及心理状态，进而配置合理的阵容和调整赛场上的位置分布。比如，在面对速度快、防守紧凑的对手时，教练可能会利用快速突破和迅速转移球的战术来撕裂对方的防线。

教学训练的理论是战术配合的知识基础，它包括篮球运动的生理学、心理学和教学法等多个方面。战术配合的教学需要教练员具备系统的篮球知识，同时能将这些理论应用到实战训练中。比如，运用变化脚步训练、传接球训练和实战模拟等方法，来提高球员的战术理解和执行能力。

技战术分析是战术配合的具体应用，它要求教练和球员对篮球技术和战术有深刻理解。在技战术分析中，重点是如何结合球员的个人技术和球队整体战术来制订和调整计划。例如，针对对手的防守漏洞，教练可能会设计挡拆战术，通过球员之间的有效配合创造得分机会。

具体到战术执行上，球队在进攻时可能会运用各种配合方式，如挡拆配合、内外线结合配合、快速反击等，这些配合都需要球员之间有良好的默契和高水平的技术支持。在防守上，则可能采用联防、人盯人防守等方式，通过队员之间的相互协助来抵御对手的攻势。

三、技术动作

（一）控球技术

控球无疑是篮球技术动作中的核心要素，它不仅可以很好地展现球员的个人技巧，更是团队配合、战术实施的基础。在篮球场上，控球技术的高低直接决定了球员在进攻和防守两端的效率，因此，掌握精湛的控球技术对于每位篮球运动员来说都是至关重要的。在控球的过程中，运动员需要在高速移动中准确无误地控制篮球，包括运球、变向、停球和启动等一系列复杂而精细的动作。

（二）传球技术

传球的方式多样，包括但不限于胸传、掷传、地面传和空中直传。胸传是最基本也是最稳定的传球方式之一，要求球员双手从胸前将球推出，手指要展开，呈扇状，以便在传球的瞬间给球以足够的力量和准确的方向。地面传则适用于狭小空间和对手密集的情形，通过反弹的方式减少被截断的可能。

（三）投篮技术

投篮分为跳投、上篮和三分投篮等类型。在跳投时，要求运动员在跳起的瞬间保持身体稳定，双脚离地后利用腿部力量推动身体上升，同时腕部用力，指尖发力，以最适合的角度和力量将球投向篮筐。上篮则更加注重篮下动作的准确性和快速性，经常在快速突破到篮下时使用。

（四）篮下技术

篮下技术动作包括篮板球的争抢、篮下单打等。在篮板球的争抢中，选手需要及时判断球的落点，使用身体挡位，保持良好的弹跳时机和空中稳定性，以增加抢到篮板球的概率。篮下单打则需要运动员有着良好的身体协调性和力量对抗能力，通过转身、假动作等技巧摆脱防守，创造得分机会。

（五）防守动作

防守包括基本的人盯人防守、协同防守以及抢断和封盖等技术。在人盯人防守中，重点是保持与对手一定的距离，注意对手的腰部和脚步，做出迅速反应以阻止其进攻。抢断要求运动员有极高的判断力和时机把握能力，封盖则需要运动员有良好的弹跳能力和空中判断能力，防止对手的投篮得手。

第四节　篮球教育发展对策及趋势

一、篮球运动教学发展对策

（一）注重理论与实践的结合

1. 更加重视理论与实际的结合

当前科学技术在篮球教学中的应用日益广泛，极大地促进了教学活动在篮球理念、基础理论、整体技战术、篮球训练方法和体能测试等诸多方面的革新和发展，使篮球教育稳健地朝着更科学、更先进的方向发展。与此同时，新型理论观点被不断推出，新型竞赛制度日益完善，新型规则逐步充实与发展，最终使篮球理论和篮球实践内容均处于逐步创新、逐步发展的状态。这不仅对提升篮球运动水平有重要意义，也对篮球运动教学的可持续发展与逐步完善具有积极影响。

“倘若不存在理论研究，或者缺乏篮球教学实践，那么篮球教学全过程的意义都将无从谈起。因此，必须充分结合篮球教学的理论研究和实践研究，进而使理论研究力度和成效得到有效强化。”①

2. 篮球教学活动形式的多样化

篮球运动在广大群体中的普及，与其集体协同性以及时空对抗性密不可分。当前各地的篮球活动也逐渐发展，成为体育文化中浓墨重彩的一笔，在文体娱乐、强身健体、磨炼意志品质等方面都具有重要意义。篮球活动几乎已经成为我国每处体育场所必备的运动项目，它凭借着极强的趣味性和挑战性，成为人们喜闻乐见的活动组成部分。同时，篮球运动的形式逐渐创新，越来越丰富多样。例如，在篮球运动基础上，逐渐衍生和发展起 3V3、4V4 或街头篮球等多种形式，这些创意性活动也受到许多人的喜爱，在各地取得了很好的发展效果，甚至已经成为许多篮球教育的重要内容。

3. 促进篮球俱乐部的发展

体育运动的开展应当具有灵活可变性。因为不同的人之间具有年龄、性别、体质水平、运动基础以及兴趣爱好等多方面的差异，体育活动如果拘泥于单一的

---

① 杨铁黎，季克异，肖彤岭．体育教学指导 [M]. 北京：高等教育出版社，2011.

形式而无法灵活改变，将不能满足现实需求，因此篮球教学从业者应当积极创新运动形式，用灵活多样的方式开展教学。体育俱乐部逐渐成为体育课外活动的重要组织形式。体育俱乐部是根据参与者的兴趣爱好以及自身特长而建立的，其组织及管理都很专业和规范，可以满足多样化的需求。通常体育俱乐部因为有经费支持、专业管理和一定导向性，以其良好的活动效果吸引了越来越多的人。相关机构可以依托场地设施和师资力量，发挥自身优势建立有特色的体育俱乐部。此外，需要根据整体的体育工作要求和规划，设计科学合理的活动内容，在体育俱乐部运营和人员安排上要建立专门的管理体系，高效筹集经费，合理划分场地。

“教师在篮球教学的过程中，要将组织与管理学生课余篮球活动摆在重要位置，充分发挥篮球俱乐部的优势，弥补传统教学内容中的不足，最终促进篮球教学活动取得高效良好的发展。”①

（二）革新篮球教学思想

1. 培养终身体育意识

在参与篮球活动的过程中，人们能认识拥有相同兴趣爱好的伙伴，拓宽自身交际圈，提升人际交往水平。除此之外，通过与他人接触，可以认识志同道合的朋友，在与别人的沟通交往过程中，学习其良好品质，培养挑战自我、主动学习的能力。因此，篮球运动的开展不仅对促进身心发展有重要意义，也将成为未来在社会中应对挑战的宝贵财富。在教学过程中，指导者应当让参与者清晰认识到这方面的作用，进而把篮球运动当成终身受益的活动来学习，促使形成正确的体育价值观，真正让人们受益终身。

终身体育包括两个方面的含义：

一是人们通过坚持不懈的体育锻炼，实现增强体质与推动身体全面发展的目标。

二是通过对体育进行科学系统的整合，为人们在各时期、各领域开展体育锻炼提供手段和机会，其中心思想是：强调培养人们在一生的不同时期均能接受体育教育和进行体育锻炼，最终使体育教育真正做到完整和持续。

---

① 岳强，赵增松，舒娜．试论中国篮球文化及发展战略 [J]. 成都体育学院学报．2006（6）：76–78.

因此，新时代的篮球教育强调，教学从业者必须以培养终身体育意识为核心，这也是现代体育教学内容的要求。

2. 促进健康生活方式的培养

随着科学技术的发展，电脑和手机等智能设备逐渐普及，在带来便捷的现代生活方式之外，也带来许多负面影响。比如，许多人自控能力差，会玩手机或电脑到很晚。一方面会导致在第二天的工作或学习过程中效率低下、无法集中精神；另一方面，长此以往会导致视力下降和身体健康问题。因此，保持良好的生活方式和规律的作息习惯，能有效改善体质健康状况。

近些年来，篮球运动逐渐受到大众的欢迎，人们通过参与篮球运动而逐渐建立健康的生活方式。一方面是受到 NBA、CBA 等赛事推广的影响，另一方面和篮球运动教学的发展密切相关。篮球教师通过传播篮球文化、营造融洽的教学氛围，使参与者形成规范、持续的体育锻炼习惯，不仅能对其身心健康带来积极影响，还能帮助其养成文明健康的生活方式，最终促进健康成长。

3. 利于篮球文化发展

积极向上的体育文化可以带来许多有利影响，比如，可以带动学习积极性，提高综合素质，增加陶冶情操和课余锻炼的途径，通过参与运动，培养团队意识和竞争意识，最终促进全面发展。综上所述，应当通过体育教学来增加体育文化氛围。通过进行篮球教学的实践，参与者可以亲身进行篮球活动和身体锻炼，能进一步感受、理解、认识篮球运动，对形成运动观与价值观起到作用。例如，让参与者感受、理解、认识顶级篮球运动员的拼搏精神、严谨作风、坚韧毅力、民族气节等，能在学习过程中自觉提升自身素养。

篮球教学其中的一个重点就是要积极发展篮球文化。作为篮球运动中的一个重要方面，篮球文化的内涵和氛围可以对人们产生潜移默化的影响，参与者在参加篮球运动项目的过程中，会养成许多好的行为习惯。因此，篮球教学要注重篮球文化的构建。

总体而言，篮球运动课程的重点并不是学分和成绩的要求，而是以建立对体育教学的正确认知为最终目标。因此，篮球教学应当以参与者的主体地位为核心内容展开，教师在课堂上要积极调动参与者的主动性和参与性，激发其对篮球运动的热情。同时，参与者在自己积极参与课堂的过程中，要发挥竞争和协作意识，带动周围人充分参与篮球运动。

（三）完善篮球教学的目标和功能

1. 树立正确的篮球教学目标

学习者的学习活动和效果往往受到多种因素的共同影响，其中显著的是智力因素和非智力因素。两者对于学习者的成长与发展都起到了至关重要的作用。然而，在传统的教学活动中，我们往往过多地强调了智力因素的作用，而忽视了非智力因素的影响，这无疑是对学习者全面发展的一种限制。智力因素，如记忆、思维、想象等，无疑是学习过程中的关键因素。它们能帮助学习者更快地掌握知识，更深入地理解问题，更准确地作出判断。然而，仅有智力因素的支撑是远远不够的。在篮球教学中，我们不难发现，那些拥有出色运动天赋和身体素质的学员，并不一定能成为优秀的篮球运动员，这正是因为非智力因素在其中起了重要作用。非智力因素，如兴趣、意志等，虽然不直接参与学习过程，但是对学习者的学习效果产生着深远的影响。新时代的篮球教学，更加注重对学习者素质的全面培养。这不仅包括知识理论的学习，还注重专业素质和综合能力的提升。在教学过程中，教师不仅要传授篮球技能和战术知识，还要关注学员的非智力因素的发展。通过设计丰富多样的教学活动，激发学员的学习兴趣和积极性，培养他们的团队合作精神和竞争意识，帮助他们建立正确的价值观念和道德观念。最终，新时期的篮球教学旨在培养在德行品格、情感感知、价值理念和基础理论方面全面发展的人才。这样的学员不仅具备扎实的篮球技能和战术素养，还拥有良好的心理素质和人际交往能力，能在未来的学习和工作中更好地应对各种挑战和机遇。

2. 不断加强篮球运动的教育功能

篮球素养的培养在篮球教育中占据着举足轻重的地位，它不仅关乎运动员在球场上的表现，更影响着他们在生活中的待人处世方式。在当今注重全面发展的时代，对个体的综合素质培养已成为社会各界关注的焦点。篮球作为一种集健身、娱乐、竞技于一体的运动项目，在促进个体身心全面发展方面，发挥着举足轻重的作用。因此，在当前的教育背景下，篮球教育应当更加注重篮球素养的提升，通过推动素质教育，实现个体的全面、协调发展。

篮球运动，不仅能贡献一场场热血沸腾的比赛，也促进了运动员的个人成长，培养了运动员的团队协作意识。在篮球训练和篮球比赛的过程中，参与者可以深刻体验其中的磨砺与成长，从而不断锤炼自己的意志品格，培养集体主义精神和团队意识。随着科学技术的发展，知识正在以爆炸式的方式增长和更新。在这个日新月异的时代里，每个人都需要不断提升自己的学习能力和适应能力，以应对未来的挑战。篮球教育正好可以在此方面发挥巨大的优势。通过参与篮球运动，人们能学习到团队协作、沟通交流、领导力等多方面的知识和技能，这些技能在未来的生活和工作中都将发挥重要的作用。

（四）加强篮球教师队伍的建设

在篮球运动教学活动中，篮球教师是主导者。在教学活动中，教师能起到指导作用。提高篮球教师的专业素质与训练水平，有利于提高篮球教学质量，从而培养出更多更具潜力的篮球运动人才。因此，强化篮球教师队伍建设，是今后发展篮球运动教学的走向。

篮球教师应当具备高水平的能力结构素质，换言之，就是具备高效完成篮球教学工作的能力，如教学设计、教学组织、教学内容讲解等。如果篮球教师具备较强的教学设计能力和组织能力，不但能科学安排教学内容，也能充分激发学员参与篮球运动教学的主动性，使篮球运动教学活动开展得更好；如果篮球教师具备较强的表达能力，则可以利用形象的语言来阐释各项知识与技能，提升教学效果；如果篮球教师拥有突出的课堂组织及管理能力，可以充分协调好师生之间的互动关系，还能充分利用教学资源来优化教学活动，促进教学科学有序地进行；同时，篮球教师要具备扎实的知识储备，熟知篮球知识，在掌握篮球运动基础知识技能、教学基本规律的基础上，还要针对学员自身的身心发展规律来开展教学。

教师应当增加优化创新篮球教学内容的幅度，使学员在课堂上深入认识与篮球运动相关的新理念、新知识。与此同时，在教学过程中教师要始终以学员为主体，使学员在教学过程中逐步养成独立精神。因此，在篮球运动教学过程中，篮球教师要将创新摆在重要位置，要对学员的好奇心保持耐心，通过合理引导来启发学员，让学员各方面素质在学习过程中得到大幅度增强。发展教师的各项素质，还应当积极建设篮球教师队伍，高度重视教师岗位制度的完善，使教师职责更加明确；积极建立完善监督与培训体系，逐步提升篮球教师的各项水平。另外，要有效调动篮球教师以及教练员的主动性，不断改善篮球教师和教练员的待遇水平。

（五）构建科学的篮球教学评价体系

篮球教学评价应当以促进和服务篮球教学为基本目标，将结果评价与过程评价结合统一。篮球教育应当加强对各项教学工作的反馈，并尽量保持教学评价体系的动态性和灵活性，针对评价对象的自身特点而采用对应的评价方法，最终促进篮球教学的优化进步。

优化健全篮球教学评价体系，是现代篮球教学的发展要求。教学评价体系的构建主要内容包括：

一是国家体育教育部门可以增设有关篮球教学评价的基金项目，促进研究项目的开展。

二是积极增加不同级别的课题立项，促进教学评价体系的研究和建设。

三是听取篮球教师及学习者的意见，在教学实践研究的经验基础上，促进篮球教学评价体系的科学建设。

篮球教学评价体系所涉及的主体不仅包括管理者、相关专家和教师学习者，还应当考虑引入家庭评价和社会评价，以此充实教学评价主体的内容，促进其多元化，建立管理者、教学从业者、学习者和家长共同参与的交互性评价体系。

（六）完善教学管理制度，优化教学环境

1. 健全的篮球教学管理制度

当前，推动篮球教学优化改革的重要内容就是培育先进的管理理念，并健全篮球教学的管理制度。可以充分借鉴国际上其他国家的相关经验，取长补短，促进自身发展。以美国的体育联合会为例，不管是在组织结构还是在管理理念上都具有领先地位，可以对我国的篮球教学发展带来启示，有助于建立起完备的篮球人才培养体系。具体包括以下三个方面：

（1）管理理念的优化

积极打破依赖教育机构的教学管理模式，充分强调教师和参与者的角色作用，调动其参与篮球运动的积极性。

（2）有效处理篮球训练管理与篮球教学管理之间的矛盾

利用增强参与者之间的沟通合作、统一管理等手段，促使篮球训练管理水平与篮球教学管理水平得到稳步提高。

（3）管理机制的协调灵活性

篮球教学管理工作的顺利开展离不开每一个管理部门的协调合作，应当健全调控机制，使各部门之间既能通力合作又能灵活可变。

2. 增加篮球教学的资金投入

篮球运动的发展和篮球训练的进行，离不开资金支持，必须加大篮球场地、器材建设方面的资金投入力度。

改善篮球教学的资金投入现状，可以从以下三个方面进行改进：

（1）改变传统的资金来源渠道

不单纯依赖于政府拨款、社会个人或集体赞助等手段。

（2）政府政策支持

政府要制定相应的支持政策引进投资。

（3）创新资金来源渠道

积极发挥创新意识，突破传统限制，增加资金来源渠道。通过多种方式来改善篮球教学的经济条件，促进篮球在教学、科研和训练等多个方面发展。

二、篮球运动教学的发展趋势

（一）未来我国篮球运动教学呈现新特点

1. 高度与灵活度相结合

篮球强队不仅重视球员的平均身高，还非常关注球员的身体素质。为了在攻守两端取得制空优势，运动员必须提高弹跳能力与力量。同时，敏捷的奔跑动作、精湛的篮球技艺、优秀的弹跳力也是优质球员的标志。这些因素使篮球运动更加精彩，技战术内容更加丰富。

篮球运动不仅要重视高度，还要注重“灵活性”。随着比赛空间争夺的激烈程度增加，运动员需要“高中有灵，高中有巧”来获得比赛主动权，并最终取得胜利。因此，高度与灵活度的有机结合成为篮球运动发展的重要趋势。

2. 速度与准确度相结合

在现代篮球比赛中，对进攻速度和准确度的要求日益严苛，这既与篮球规则对进攻时间的限制有关，也体现了篮球战术的不断优化和革新。随着篮球运动的快速发展，如何在限定时间内完成高效的进攻，成为每一位篮球运动员和教练必须面对的重要课题。

但是仅仅追求进攻速度是不够的，篮球比赛对抗的另一个重要特点是保证投篮命中率。在高强度和高速度的比赛中，保持投篮稳定性至关重要。运动员需要通过大量的训练和比赛实践，提高自己在不同场景下的投篮能力，确保在关键时刻能命中关键球。因此，在推动篮球运动发展的过程中，我们应当注重培养运动员的速度意识和投篮技能。通过科学的训练方法和手段，帮助运动员建立正确合理的速度理解，提高他们的速度和准确度。同时，要注重战术创新和团队协作能力的培养，使球队在比赛中能发挥出最佳的整体实力。

3. 凶悍与智谋相结合

篮球运动作为一项团队竞技运动，对运动员的综合素质要求极高，因此，攻守对抗的激烈程度也成为现代篮球的一个重要特点。在攻守对抗的过程中，球队想要取得胜利，必须满足两个要求：首先，运动员在对抗时必须表现出凶悍的一面。这并不意味着要采取粗暴的行为或态度，而是要在比赛中展现出强烈的竞争意识和不屈不挠的斗志。运动员需要敢于挑战对手，敢于在关键时刻挺身而出，为球队争取胜利。其次，运动员在对抗时必须善于运用智慧。篮球比赛不仅是一场力量的较量，更是一场智慧的较量。运动员需要学会观察和分析对手的弱点，制定出有针对性的战术方案。同时，他们需要根据比赛形势的变化及时调整自己的战术和策略，以适应对手的变化和应对挑战。

很多篮球运动员已经意识到了拼斗能力与强悍作风的重要性，也认识到“智谋”的重要性。普遍认可的当代篮球新观念是有智谋的拼斗。

4. 技术全面性与特长相结合

由于现代篮球运动的对抗强度越来越强，运动员需要具备尽可能全面的技术。具体来说，就是要求队员能快能慢、能里能外，适应战术调整。同时，需要球员提高各项体能素质。

此外，篮球运动员不仅要做到技术全面，还要发展自己的特长和优势，兼具全面性和特长，才能在球场上所向披靡。很多 NBA 篮球明星都是技术全面和特长有机结合的典范，比如，科比、奥尼尔、乔丹等。

5. 常规与创新相结合

任何运动的发展都离不开继承与创新，篮球运动的发展也不例外。现代篮球运动的技战术来源于创新。通过持续的创新，使篮球运动在面对发展瓶颈和障碍时能取得突破，保持发展活力和竞争力。将传统常规和创新相融合，可以实现篮球技战术在技术和风格上的发展。因此，创新是篮球发展的未来趋势。创新是在把握与认识篮球运动本质规律和特征的前提下，对其发展趋势的真正认识和理解。篮球运动员与教练员应当在篮球运动的实践过程中，继承篮球运动好的传统，并在此基础上不断进行创新，只有这样，才能使篮球运动的得到更快发展。

（二）不断深入的终身体育教学理念

篮球教育应当培养参与者的终身体育理念，帮助其建立健康的生活方式和体育习惯。终身体育强调的是将体育教育融入人生的每个时期，“身体是革命的本钱”，通过持续不断、坚持不懈的体育锻炼，能够受益终身。

（三）不断深入的素质教育的教学理念

篮球教育还应当注重素质教育，促进参与者将所学应用到实践过程中。具体而言，就是在篮球比赛和实践教学过程中，既要学习实战技术，还要培养团队协作意识及反应能力、组织能力等，最终培养篮球综合素质全面的人才，在激烈的社会发展中保持竞争优势。

（四）趋于多元化的体育教学

在科学技术日新月异、体育改革持续深入的背景下，篮球教育正经历着一场深刻的变革。如今，篮球教育已经建立了多元化的发展目标，不仅注重提升参与者的身体素质，还融合了娱乐化和个性化的内容，使篮球运动变得更加丰富多彩，更加贴近现代人的生活方式和审美需求。在篮球教育的多元化发展目标的推动下，体育教育的教学模式和教学方法也在不断创新和完善。传统的体育教学往往以教师的讲授和示范为主，学生被动地接受知识和技能。然而，随着时代的变迁，这种教学方式已经无法满足现代学生的需求。因此，体育教育开始注重参与者的个性化需求，强调参与者的主体地位，鼓励他们在学习过程中发挥主动性和创造性。

1. 趣味性和挑战性较强

由于篮球运动本身具有时空对抗、集体协同等特点，致使其具有很强的趣味性与挑战性，而这也是充满朝气的年轻人喜爱篮球运动的一个主要原因，所以篮球运动具备进一步发展与普及的条件。

2. 具有较强的教育功能

人文教育在现代化社会的发展进程中具有无可替代的重要作用，它对于塑造社会价值观、提升公民素质、促进社会和谐具有深远的影响。而在众多人文教育的形式中，体育运动作为一种独特的载体，不仅能强健体魄，还能培育人的精神品质。其中，篮球运动因其多重功能，如社交、教育、宣传、增值、健身等，逐渐受到社会的广泛认同和高度重视。在篮球训练中，教练不仅教授技术动作和战术配合，更注重培养球员的品格和素养。他们通过言传身教、榜样示范等方式，引导球员树立正确的价值观和人生观，培养他们的责任感和担当精神。

第三章　篮球运动规律及基本技术

本章分析的对象是篮球运动规律及基本技术，包括篮球运动规律、篮球训练基础理论、篮球运球技术及要点、篮球传球技术及要点、篮球投篮技术及要点五部分内容。

第一节　篮球运动规律

一、篮球运动的现有规律

（一）篮球运动的竖直规律

在篮球运动比赛之中，胜负是通过投篮得分来决定的，篮球运动的基本特征就是由水平运动向竖直运动的转化。每一个回合开始的时候，攻守双方都是在水平运动，无论是运球、传球还是突破都是在水平空间内移动的，是地面上的争夺。投篮、上篮和扣篮是竖直向上的运动，是高空中的对抗。当篮球进入篮筐之后，一次由水平运动向竖直运动的转化便完成了。篮球运动实际上就是一次次地进行水平运动向竖直运动的转化，直到这场比赛决出最终胜负。篮球运动攻守对抗的核心规律就是由水平到竖直，这也是它与其他运动项目的重要区别，正确把握篮球运动的规律，对其加以研究分析，能进一步提升自身的技术水平，更容易获得成功。

（二）篮球运动的集体性规律

篮球运动是一项集体性运动，两支队伍各 5 人，可分为前锋、中锋、后卫等，5 个人各有自己的职责与任务，不过，最终任务都是获得比赛的胜利。篮球运动中最明显的规律就是集体规律，每个运动员都要相互协调配合、密切合作，这样才能完成复杂的防守任务。

（三）篮球运动的对抗性规律

篮球运动是一项对抗性比较强的竞技性运动，运动员的最终目的都是将球投入对方的篮筐，基于这个目标，攻守双方使出浑身解数，在有限的篮球赛场空间中进行跳跃、奔跑、拼抢争斗，以制约对方，获取时间和空间优势，掌握主动权。因此，对抗性规律是篮球运动的一个重要现有规律。在篮球运动中，如何在遵守规律的基础上合理运用手、臂、肩、背等部位的动作来进行合理对抗，对于篮球运动员来说是一个重要课题。而且，篮球运动中的对抗并不单指身体上的对抗，还包括技术、战术、智慧以及心理上的对抗，这也就意味着篮球运动员必须提升多方面的素质，全面发展，才能同其他人相对抗。

（四）篮球运动的转换性规律

针对篮球运动攻守双方来说，攻击与防守并不是一成不变的，而是在不断转换的，往往一方进攻结束之后，便开始防守；一方防守结束之后，便开始进攻。在篮球运动比赛中，攻守转换十分频繁，它可以发生在球场上的任何地点，而且转换的时间也难以预料。通常情况下，攻守转换的一个重要信号就是球权。

在现代社会中，篮球运动的攻守转换变得越来越频繁，界限也越来越难以明显判断，篮球运动不断向着高速度方向行进。要想掌控比赛中的主导权，关键在于准确地把握攻守转换。篮球运动的攻守转换不仅体现在运动员的动作、技术以及战术的变化中，还体现在其眼神和外部情绪的变化中。在篮球运动中巧妙地运用转换性规律，能迷惑对方，使对方防不胜防，更容易获得比赛的胜利。

（五）篮球运动的均衡性规律

篮球运动具有均衡性规律，在篮球运动场上，攻击与防守是不断转换的，二者相互影响、相互制约，不能只攻不守，也不能只守不攻，否则都容易影响队员的积极性，从而影响比赛的胜负。篮球运动的均衡性规律不只展现在攻守均衡中，还展现在左右、内外以及球员的均衡中。球队中成员的高度、年龄、优势等也要均衡，高度要有高有矮，年龄也要有老年、青年与中年，成员中要有能担任前锋的，要有能担任后卫的，还要有能担任中锋的。另外，一个团队中每个球员的个性、气质等也都要是融洽的、相符的，这样的团队才能更加具有凝聚力和战斗力。

（六）篮球运动的全面性规律

技术方面，球员需要掌握多样的球技，例如投篮、传球、运球和防守等，每一项技术都需要精通才能在比赛中游刃有余。战术方面，球员应对比赛策略有深刻的理解和应用，包括团队协作、位置安排和战术执行。力量方面，球员需要具备足够的身体素质，包括速度、弹跳和耐力等，在高强度的比赛中保持竞争力。其对心理素质要求很高，对道德、意志、智慧，甚至与人相处、待人接物、语言能力、人格魅力等均有要求。因而，篮球运动的全面性规律，是篮球运动的制胜法宝。此外，篮球运动要求全面的同时还要有绝招，注重团体的同时还要注重明星的作用。总之，“篮球运动什么都要，真正的内涵是全面要求”[①]。

二、篮球运动的发展规律

任何事物都有其发展的一般规律，例如，植物的生长规律、人的生长规律、历史的发展规律等，这种发展规律是不以人的意志为转移的，是一种客观存在的事实。无论人们是否承认它，它都将会影响整个事物的发展进程。如果我们发现了某种发展规律并顺应它，那么，往往就能获得事半功倍的效果；相反，如果人们违背事物的发展规律，那么就可能会造成某些意想不到的严重后果。

在现代篮球运动中，也存在着发展规律。人们要想提高篮球运动员的技能水平，推动篮球运动的进一步发展，就要深入认识、研究并掌握篮球运动的发展规律。篮球运动的发展规律主要有以下这八种：

（一）攻守的发展演进规律

篮球运动自 1891 年由詹姆斯·奈史密斯发明以来，攻守对抗始终遵循“规则革新引导战术创新，技术突破重塑攻防平衡”的演进规律。根据国际篮联（FIBA）和 NBA 官方文献记载，其发展可分为三个阶段：

（1）初创期（1891—1940）

原始规则仅允许静态传球，催生了早期“五人站位式”进攻体系，典型战术如奈史密斯设计的“吊灯战术”（Lamplighter）。防守则以“区域联防”为主体，受制于禁止身体接触的规则（1910 年 FIBA 首次明确）。这一时期场均得分不足

① 丁青．我国篮球文化研究综述 [J]. 体育科技文献通报，2012（8）：47-48，53.

40分，印证了“防守决定比赛基调”的原始特征。

（2）技术革命期（1940—2000）

1954年NBA引入24秒进攻时限，推动进攻效率跃升。乔治·麦肯的背身单打与奥斯卡·罗伯特森的全面控球技术重新定义了进攻维度。防守端则经历了从“人盯人”到“全场紧逼”的转型，1988年活塞队“乔丹法则”开创针对性防守体系。1992年国际篮联允许职业球员参赛后，场均得分差骤降。

（3）科学化时期（2001年至今）

2001年NBA允许联防后，产生了“混合防守”新形态。勇士队2015年开创的“死亡五小”阵容，将进攻效率值（ORtg）提升至历史峰值。防守端则发展出“无限换防”和“强侧堆积”策略。现代篮球攻守呈现空间化和位置模糊化特征，三分出手占比激增，同时抢断数据明显下降。

从当前篮球攻守规律的发展状况来看，防守创新周期为7～10年，而进攻革新周期缩短至3～5年，这种动态平衡推动着篮球运动持续进化，每次规则修改都是攻防博弈的新起点。

（二）攻守的相互制约和促进的规律

在技术方面，由于出现了贴身防守，迫使个人运球技术由体前以肘关节为轴，前臂发力，手指、手腕运球变为身后以肩关节为轴上臂发力，即腕吸、拉式运球。在战术方面，进攻出现了掩护配合，防守出现了交换、挤过、穿过和绕过等配合。

（三）规则与发展相互促进的规律

1.技战术促进规则的修改和完善

在现代社会中，篮球比赛的对抗性变得越来越激烈，推动了篮球技术、战术的进一步发展，同时篮球技战术的发展促进了规则的修改和完善。例如，贴身攻防中抢步、抢位、主动用力技术的出现使“圆柱体”条款出现；篮球高空技战术的出现使干扰球条款出现；胜利方拖延时间战术的出现使进攻24秒和球回场违例的条款开始出现等。

2.规则的修改、补充促进了技战术的发展和变化

1897年，篮球比赛从9人制改为5人制，取消锋、卫线不能越区的规则，促进了运动员掌握攻、守兼备的全面技术，同时战术上出现了盯人和联防战术。

1932 年，增加了 10 秒规则和 3 秒规则，促进了快速技术的发展，要求高大队员技术更加全面。在战术上制止了“拖延球”打法，促使战术更加灵活多变。1984 年，场地扩大，从 26 米 ×14 米变为 28 米 ×15 米，增加了 3 分投篮区，促进了队员体能的加强，技术要求更加全面，特别是促进了队员的远投能力的提高。战术上要求队员大范围穿插，频繁移动，内外结合，重视综合运用。

（四）集体对抗的规律

篮球是全队的集体竞赛，但整体的比赛又是建立在个人作战能力基础上的，因此必须处理好个人和集体的关系、明星队员和一般队员的关系，使 5 个人集体功能的发挥达到最佳状态，使整体功能大于 5 个人功能之和，使集体对抗达到最优效果。

集体作战还应体现在全队的实力上。全队实力不仅指 5 名主力队员的能力，还应该包括替补队员的实力，现代篮球比赛替补队员实力的雄厚往往是一支球队取胜的重要因素之一。替补队员有时是改变打法、出奇制胜的重要力量。

篮球比赛是 5 人对 5 人的对抗，必须发挥 5 个人协同作战的能力。一个人的力量再大也不能打败 5 个人。因此，必须有很好的战术组织，使每个人都能合理地运用技术，使全队形成一个有组织的整体。在攻防战术运用上既能发挥每个人的特长，又能突出 5 个人集体的作用，使全队立于不败之地。

集体对抗还体现在教练员的管理和指挥能力上。教练员是球队的成员之一，是训练过程的设计者和训练活动的组织者，也是管理球队的主要决策者。教练员严格的管理、正确的指挥和灵活的协调能力，能产生巨大的团结力量，增强全队的战斗力。

（五）全面、综合对抗的规律

全面、综合对抗的特点：瞬时性、时空性、凶悍性、规范性、应变性和时效性。全面、综合对抗建立在身高、体重和全面发展的身体素质基础之上，在进行全面、综合对抗的时候不要过于死板硬抗，而是应当高度重视并灵活利用身体力量，以弱胜强、以柔克刚，从容地应对挑战。全面、综合对抗主要表现为无球对抗和有球对抗、篮板球对抗和转换对抗。这里对转换对抗进行简要分析。它指的是有球和无球或防有球和防无球的转换对抗，这常常是容易被忽略的一个主要方面。转换对抗主要是处理好快速移动，调整位置，保持适当的距离和合理的身体接触等几项技术环节。全面、综合对抗的区域：重点是篮下、限制区和三分线附近区域，主要是双方的中锋和向篮下突破和空切的队员。全面、综合对抗在时间上表现为分秒必争，在篮球运动赛场上，运动员每一分每一秒都在进行拼抢和争斗；在空间上表现为地面和空间的立体式对抗；在内容上表现为身体、智力、心理、意识、技术、战术等融为一体的高水平、全面抗衡。

（六）动态均衡发展的规律

1. 进攻和防守的动态均衡发展

在篮球比赛中，进攻和防守是一对根本矛盾。攻守双方根据现场情况动态地改变自己的攻守状态，从而更好地完成自己的任务，阻止对方的行动。一支篮球队伍如果想要赢得最终的胜利，就要在防守和进攻两方面做好动态均衡。如果一支篮球队伍防守做得比较好，但是进攻做得不好，失分与得分都比较少，那么这支队伍想赢球是不容易的。如果一支篮球队伍进攻做得比较好，但是防守做得不好，得分与失分都比较多，那么也很难取得胜利。现代篮球运动既要求队员掌握扎实的基础技术，又要求他们掌握有针对性的战术策略，只有均衡地掌握二者，才能在篮球比赛场上获得胜利，推动篮球运动不断向前发展。如果只是掌握基础的技术，却没有掌握战术策略，那么即便技术掌握得十分熟练，也无法合理运用；如果篮球队员只是掌握了战术策略，却没有掌握最基础的技术，那么也只是空中楼阁，根本无法将自己想要设计的战术策略展现出来。

（1）身体是技战术发挥的保障

对于篮球运动员来说，身体是第一位的，他们的一切行为都以健康的身体为前提。无论是高难度的技术动作，还是复杂的战术组织形式，都是以良好身体素质和运动素质为基础实现的。因此，身体是技战术发挥的保障。篮球运动员必须有一个好的身体和扎实的技战术素养，二者均衡发展，才能使篮球比赛更加具有观赏性和艺术性。

（2）内线优势规律

篮球比赛中以篮球入篮来确定得分，入篮数量越多，得分就会越高。距离篮筐越近，队员在投篮的时候就越容易投中。所以，内线进攻的稳定性更大，这就是篮球运动的内线优势规律。

（3）内线进攻更具有杀伤力

内线进攻指篮下限制的范围，外线穿插篮下和突破到篮下，外线利用中锋策应抢篮板球的二次进攻等配合大都在内线，因此这个区域是防守的重点，特别是中锋的进攻往往会遭受防守者的夹击，如围堵和拽、拉、推、撞等犯规动作。如果进攻方内线实力强大，会造成防守犯规，杀伤对手的有生力量，削弱对手的战斗力。

（4）中锋实力的重要性

中锋位于篮下附近，进攻中不仅投篮命中率高，得分能力强，且能杀伤对方的有生力量，是进攻的枢纽，能起到组织进攻的作用。在防守中，中锋是全队的第二道防线，是坚强的防守后盾。中锋实力的强弱是一支篮球队实力强弱的重要标志。当代世界篮球强国都在努力配备好中锋，增加对抗的力量，提高他们的实力。

2. 速度和高度均衡规律

速度是人快速完成运动的能力，它包括反应速度和移动速度，速度快会赢得时间、掌握更多的进攻机会，占有更有利的地位。高度是指由人的身高、好的弹跳和人的伸展而占据的高空优势，占有制空优势就会取得更有利的攻防成功率，也会赢得比赛的主动权。但是，身材高大的队员往往反应迟缓、行动缓慢，速度快的队员往往缺乏高度，控制空间的能力差。所以，现代篮球必须要求身材高大的队员速度快，速度和高度均衡发展，才能在比赛中处于主动地位，使自己立于不败之地。

3. 内线的强大保证进攻的稳定性

内线攻击强度大，外线攻击弱，防守队会缩小防区，保护篮下，增加内线防守强度。外线一般指后卫和小前锋活动的范围。外线实力强会使进攻更加灵活。但仅有外线的强大，内线攻击弱，同样会使防守队扩大防区，增加外线的攻击难度。所以，只有内线实力和外线实力同样强大，均衡发展，才能使防守队员顾此失彼，处于被动地位。

（七）多方面节奏变化的规律

1. 节奏的技术表现

节奏的技术表现是指技术运用时间快慢的间隔关系。队员掌握了熟练的技术，并在篮球运动场上合理使用，能展现出一种和谐的节奏，也能实现应有的效果。

例如，在持球突破之前，篮球队员可以使用假动作来迷惑对方，在使用假动作的时候要缓慢而逼真，当注意到对方上当之后，就要迅速实施真动作，这样才能成功持球突破。

2. 节奏的战术表现

节奏的战术表现是指运用战术时，各阶段时间快慢和各部分动静的关系。在篮球运动场上，不同的战术的运用有着不同的节奏，通常情况下，在发动、推进、实行快攻战术以及结束快攻的时候节奏比较快，在对方还没有意识到的时候直接出手，打对方一个措手不及。在攻守联防和半场人盯人的时候节奏比较慢，需要时刻关注对方的动作，仔细观察与判断，以寻找最佳时机。

3. 篮球运动的节奏

篮球运动的节奏是指篮球比赛和技战术的运用中表现出来的动静交替和快慢的时间间隔关系。它是篮球运动的一种基本规律，从篮球运动一开始便存在着，在篮球运动发展的过程中通过各种形式展现出来。对于篮球运动场上的队伍来说，篮球运动的节奏至关重要，关乎着最终的胜负。

4. 篮球节奏的表现

篮球节奏的表现是指综合运用技术、战术的时间间隔和动静关系。在篮球运动比赛中，节奏会受到本方体能素质、对方人员素质以及时间和比分的影响，随着场上战局的变化，节奏也在不断变化，能合理掌握篮球节奏的球队通常就掌握了主动权，更容易赢得比赛的胜利。

5. 篮球比赛的影响因素

篮球比赛的节奏受到多重因素的影响，具体来说，它与教练员的战术布局，运动员的意识、体能、技术、能力，双方队伍人员的变化等有关。在比赛过程中，一旦节奏发生混乱，导致某些被动状况的出现，就要变被动为主动，立即对其加以控制，以免之后发生难以预料的事情。每节比赛中间休息时间的部署，比赛的暂停、换人、战术变化等，都是篮球比赛中调节节奏的方法。

（八）全方位变化的规律

1. 变化是篮球运动的精髓

在篮球运动中，有多种不同的技术和战术，球员在应用技术和战术的时候，可以采用多种不同的形式、模式、规模等，有无穷变化。因此，变化是篮球运动的精髓。通过变化，场上的篮球运动员可以变被动为主动，扭转战局，场下的观众们也可以在变化中感受篮球比赛的观赏性和艺术性，享受更加极致的视听盛宴。

2. 变化的技术表现

在篮球运动中，变化的技术表现是指运动员应用某种篮球技术的时候，可以根据当时的具体情况进行一定的改变，例如，可以在时间、空间、假动作、位置等方面进行改变。篮球运动员在持球突破的时候，可以在一侧做突破假动作来迷惑对手，当对手注意到这个动作并进行封堵的时候，运动员可以从另一侧进行突破。当补防和封盖的篮球运动员比突破的篮球运动员个子高的时候，突破的运动员可以凭借自己身高矮躲避过去，然后完成投篮。当补防和封盖的篮球运动员比突破的篮球运动员个子低的时候，突破的运动员可以变化自己的位置，尽量使用靠、挤投篮完成攻击，使对方犯规。

第二节 篮球训练基础理论

一、篮球技术训练的基本理论

篮球技术从原来的低级、简单、低强度对抗逐渐变为现在的高级、复杂与高强度对抗，这一趋势推动着篮球运动不断向前发展，可以说，技术发展就是篮球运动向前发展的重要推动力。篮球运动员所掌握的技术与篮球技术动作是两个不同的概念，个人技术包含技术动作的内在根据、属性等多项内容，技术动作是篮球运动员个人技术的表现载体，二者的内涵、外延与评价标准都有所不同，但是又相互联系。篮球运动员要想掌握好篮球技术，就要一遍遍地练习篮球的各种技术动作，将其练得出神入化，这样才能在篮球比赛中准确地将其运用出来。教师、教练员需要在了解学生、运动员的身体素质、心理品质、战术基础等各方面实际情况的基础上对学生进行技术教学训练实践，有针对性地对其进行技术训练，使之符合学生、运动员的学习规律和身体状况，采取各种训练手段与训练方法将各种衔接的、组合的、单元的技术动作转化为学生、运动员的技术。在篮球技术教学与训练中，核心就是指这个转化过程。

（一）篮球技术训练的内涵

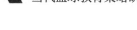

从本质上来说，篮球技术训练的目的就是使学生、运动员掌握篮球的知识与技能。它是一种双边过程，既包括教练、教师的“教”，又包括运动员、学生的“学”与“练”。在篮球技术训练的不同阶段，教练、教师对学生、运动员的训练着重点也不一样。在初级阶段，教练、教师着重运动技能学的教育学原理与原则；在高级阶段，教练、教师则着重运动训练学的原理与原则。对不同训练阶段的学生来说，这两种训练的侧重点不同，但它们紧密相连，相辅相成，共同对篮球运动技术的训练发挥着作用。也就是说，教练、教师在训练学生的时候，要遵循体育教学和运动训练的基本规则和规律，要了解运动员、学生的现有学习阶段和所具有的技术水平，根据不同学习阶段和技术水平来对其进行有针对性的训练，循序渐进。

（二）篮球技术训练的基本理论

1. 周期训练理论

周期训练理论，就是指制定一个长期训练目标，在此基础上，将自己的训练拆分成不同的阶段，每一个阶段的训练都是不同的、循序渐进的，之后的每一个训练阶段都要比之前的训练阶段的要求更高，不断循环往返，周而复始。周期训练理论是在人们运动训练的疲劳与恢复规律、训练适应性形成规律以及竞技状态发展规律的基础上提出的，它是制订训练计划和训练安排的重要基础依据。

2. 训练调控理论

人们在完成运动后，身体表面的肌肉、呼吸以及身体内部的血液循环、血压等都会发生变化，与未进行运动之前存在着明显差别。运动完成后，人们的身体机能就会开始逐步恢复到之前的样子，但是此时的恢复具有时值不等现象，也就是说，运动之后人的身体机能的恢复和超量恢复并不同时发生。在这个恢复过程中存在两种不同的恢复类型，分别是完全恢复和不完全恢复。所谓完全恢复，就是指人体运动之后，在身体机能恢复或者超过原有水平的时候进行下一次训练。不完全恢复就是指在人的身体机能没有达到原有水平的时候进行下一次训练。通常，完全恢复用于下列训练过程：协调和注意力集中训练，最大力量训练，反应和速度训练，技术训练，比赛练习。不完全恢复用于下列训练过程：速度耐力训练，力量耐力训练，专项耐力训练，意志力训练。

（三）针对性心理训练

在篮球运动中，重要的针对性心理训练包括：

1. 放松训练

放松训练是通过一定的放松集中注意力，调节呼吸，使肌肉逐渐得到充分放松，从而调节中枢神经系统的兴奋水平，缓解紧张情绪，增强大脑对全身的控制支配能力。

2. 认知调节训练

认知调节训练包括合理情绪训练和暗示训练。认知调节训练就是要提高运动员对情境评价与处理问题的能力，以便在复杂的比赛情况下依靠运动员自己解决问题。

3. 系统脱敏训练

系统脱敏训练是心理治疗中的行为治疗方法之一，适用于特殊领域的焦虑和恐惧症。在体育运动领域，运用系统脱敏训练可以帮助运动员解决一些赛前焦虑等情绪问题。对于这些专门的心理训练手段，教练员可以根据需要选用，并参考有关专著或咨询心理专家进行。

（四）篮球技术体系的评价

篮球技术可以指代技术动作，也可以指代技术运用，人们在谈论篮球技术的时候，有的时候是在说篮球技术的相关动作，有的时候是在说运动员对篮球技术的相关应用，它在不同的场景就会有不同的含义，还可能产生概念转移等相关问题。在研究篮球技术基本理论的时候，面对这种情况，就需要加以区分。因为一切的思维都是从概念中产生的，没有概念就没有思维，概念反映了事物的本质属性。要认识篮球技术训练的本质，就必须先掌握篮球技术的概念，这样才能科学地运用这个概念去指导训练实践，建立篮球技术训练理论体系，提高篮球运动员的技术训练水平。

运动员技术系统特性是指运动员技术系统的主客一体性，技术一词来源于自然科学。自然辩证法原理对技术概念一词的定义是："技术是人们为了特定的目的所应用的一种手段和方法。手段和方法包括物质手段（工具和设备）、知识、经验和技能以及组织形式等。这些客观的物质手段和主观的精神因素相互结合组合成一个技术系统。人们为了寻找达到某个技术目的的新技术，就需要研究组成这个技术系统的各个要素，改变这个技术系统的结构，提高这个技术系统的整体功能。”①在自然科学中，人们可以区分开技术的主观精神因素和客观物质手段，并分别对其进行加强。在体育领域，体育运动员通过不断练习来提高其技术系统各个要素的功能，展现出个体的技术水平，这是体育运动本身的特殊性。要运用技术概念评判体育运动员的表现，就必须了解这种特殊性。

二、篮球战术训练的基本理论

（一）篮球战术训练的内涵

篮球运动中的战术训练是指通过有目的、有计划的设计和实施训练方案，以提高球队在比赛中的战术执行能力和整体配合水平。战术训练是篮球训练中重要的一环，主要包括战术意识培养、团队配合、战术执行力、体能与技术结合、心理素质培养、战术多样化等。

在篮球运动中，战术训练不仅是指单纯的战术学习与演练，更重要的是训练学生或运动员的心理素质、体能素质、应变能力、技战术配合以及整体的战斗力等。

（二）篮球战术训练的理论基础

1. 战术思维的培养

（1）时间管理

篮球比赛场上形势多变，情况十分复杂，稍不留神就可能会失去最佳优势，因此，对时间的精准控制就显得尤为关键。运动员要做好时间管理，保持冷静，在不同的比赛阶段能采用合适恰当的战术策略，高效管理与应用时间，使其发挥最大效用。

（2）空间意识

空间意识就是指人们对周围的空间位置、空间方向和空间关系的感知与理解。在篮球场上，每个位置都有着不同的价值功能，篮球运动员要具有空间意识，能判断自己、队友以及对手所处的空间位置情况，运用空间优势进行进攻或防守，提高进攻或防守的效率，从而获得胜利。

① 葛霖杉．马克思主义自然观的代表作《自然辩证法》解读 [M]. 北京：现代出版社，2016.

（3）对手分析

篮球运动员还要学会深入的分析对手，运用心理学、统计学、视频分析技术等对对手的体能、战术以及心理进行深入分析研究，从而能更全面地识别对方的优缺点，并据此在赛场上制定具有针对性的战术方案。

2. 团队协作理论

（1）角色分工

角色分工是指在一个团队中的每个成员都有属于自己的角色，他们承担着各自的任务职责，其理论源于人力资源管理和组织行为学。在篮球运动中也是如此，篮球是一项集体运动，球场上每名队员都扮演着不同的角色，明确各自的分工不仅可以提高效率，还能增强队员之间的团结合作，使他们能更加信任彼此。

（2）沟通与信任

要想使团队发挥出最大的力量，团队中人与人的沟通与信任是十分重要的。沟通理论强调信息传递的及时与准确，信任理论强调团队成员之间的相互支持和理解。在篮球战术训练的过程中，教练与运动员之间、运动员与运动员之间都要多多沟通，互相了解彼此，支持彼此，信任彼此，这样才能确保团队的协调合作，从而发挥出团队的最大力量。

3. 决策理论

（1）情景判断

情景判断的理论基础是情景学习理论和博弈论，强调如何在动态和复杂的环境中，运用类比、对比找到最优的选项。在篮球战术训练中，教练要训练球员的情景判断能力，使球员在面对不同的比赛情景时学会作出准确判断和分析，以便于之后进行决策。教练可以采用模拟训练以及其他方式来对球员进行训练，使他们不断积累经验，从而提高其情景判断能力。

（2）快速决策

快速决策的理论基础是决策理论和认知科学理论，强调要在时间压力和信息不完全的情况下快速作出决策。篮球比赛场上瞬息万变，节奏比较快，在这种情况下，教练就需要训练球员的快速决策能力，提高其反应速度和决策质量，使他们能在比较短的时间内迅速作出质量比较高的有效决策。

（3）风险评估

风险评估的理论基础有经济学和概率论，在面对某些情况的时候，篮球运动员作出的决策并不总是正确的，有时候还存在着一定的风险，在选择某个战术决策的时候，运动员要权衡利弊，对其进行风险评估，选择风险比较小、收益比较高、更加科学理性的战术决策去执行。

（三）战术训练的方法论

1. 战术模拟与演练

（1）模拟训练法

教练设定一个特定的模拟比赛的情境，球员在特定情境中不断训练自己的技术与战术，不断提高自己的技能，这就是模拟训练法。在特定的情境中，可以模拟比赛中可能会遇到的各种情况，使球员身临其境，真实地感受那种紧张的氛围与压力，从而不断锻炼其实战能力、执行能力与应变能力。

（2）录像分析法

在篮球战术训练之中，录像分析法就是指教练与球员共同观看篮球比赛的录像既可以了解己方在战术执行过程中的优缺点，从而更好地对缺点加以反思改进，还可以了解对方在比赛过程中的战术特点以及变化趋势，取长补短，将各种战术思路融会贯通，不断提升己方的战斗力。

2. 战术训练的阶段划分

根据球队、球员的水平与发展阶段进行划分，可以将战术训练阶段划分为以下三个：

（1）基础阶段

基础阶段着重于使球员了解比较基本的战术理念和战术配合，教练要传授给球员基本的战术知识和技能，如传切、挡拆、区域防守等，同时要使他们学会团结协作，培养他们的团队精神。

（2）提高阶段

在提高阶段，教练会结合实际设计更多、更复杂、更多样化的战术变化和战术组合，使球员在实际训练中逐渐适应，能更加灵活、精准地使用战术，不断提高其团队作战能力。

（3）成熟阶段

在战术训练的成熟阶段，无论是简单基础的战术，还是复杂多变的战术，球员往往都已经心中有数，球队的战术也比较成熟和完善。不过，面对不同的对手和比赛，教练还会对球队的战术细节进行进一步的细化和调整，一遍又一遍地打磨，从而进一步减少缺陷，能更好地与实际情况相适应。另外，教练会在高压状态下培养学生的心理稳定性和战术执行力，使球员在高水平对抗下仍然能灵活地应用战术。

3. 战术训练的反馈与调整

有效的反馈与调整是战术训练不可或缺的环节，包括实时反馈和赛后总结。

（1）实时反馈

在训练和比赛过程中，教练需要对球员的战术执行情况进行实时反馈。通过及时的纠正和建议，帮助球员迅速改进不足之处。实时反馈的有效性在于即时性和针对性，可以有效避免错误的重复和积累。

（2）赛后总结

赛后总结是对比赛中战术执行情况的全面回顾与分析。教练与球员一同探讨比赛中的战术表现，分析成功和失败的原因，并制定相应的改进措施。赛后总结不仅有助于找出问题和漏洞，还可以通过数据和录像分析，制定更加科学和细致的战术调整方案。

（四）战术训练的评价与改进

1. 战术效果评价指标

（1）进攻成功率

①定义

进攻成功率是指球队在进攻过程中得分的比率。它是用来衡量一支球队在实际比赛中执行战术的有效性的。

②理论基础

通过统计学和概率论，进攻成功率可以反映战术执行的质量和球员的技术水平。较高的进攻成功率通常表明战术选择和执行有效，球员之间的配合默契。

（2）防守成功率

①定义

防守成功率是指球队在防守时成功阻止对方得分的比率。它是衡量防守战术有效性的重要指标。

②理论基础

通过分析对手的进攻数据和自身的防守数据，可以确定防守战术的优劣。防守成功率与球员的身体素质、战术理解和执行能力密切相关。

2. 数据分析在战术训练中的应用

（1）定量分析

①定义

定量分析是指通过数学模型和统计方法，对战术训练中的数据进行分析和处理，从而得出客观、量化的结果。

②理论基础

运用统计学、运筹学等理论，定量分析可以帮助教练员识别训练中的薄弱环节，优化战术安排。例如，利用回归分析可以预测不同战术在不同情况下的成功概率，从而提出改进建议。

（2）定性分析

①定义

定性分析是通过经验和观察，对战术训练中的非量化因素进行评价，包括球员的心理状态、团队合作等。

②理论基础

行为科学、心理学等理论为定性分析提供了基础。通过录像分析、专家评议等手段，可以深入挖掘战术执行中的细节问题，并提出针对性的改进措施。

3. 持续改进机制

（1）反馈机制

①定义

在战术训练中，及时反馈是指通过录像回放、数据分析等手段，及时发现和纠正战术执行中的问题。

②理论基础

控制论和信息论强调反馈在系统优化中的重要性。通过建立有效的反馈机制，可以确保战术训练不断优化，提升球队整体水平。

（2）循环改进

①定义

循环改进是指不断地进行战术训练、评价和改进，形成一个闭环的持续改进过程。

②理论基础

戴明循环（PDCA 循环）提供了一种系统的改进方法。通过计划（Plan）、执行（Do）、检查（Check）、改进（Act）四个步骤，可以确保战术训练在一个动态循环中不断优化。

（3）多维度考量

①定义

多维度考量是指从多个角度对战术训练进行评价和改进，包括技术、战术、心理、体能等方面。

②理论基础

系统论强调事物的整体性和多维度性。通过多维度考量，可以全面提升球队战术训练的科学性和有效性。

三、篮球训练的原则

在篮球训练过程中，需要遵循一定的原则。篮球训练原则就是指在长期篮球训练过程中所积累的具有普遍指导意义的经验总结和概括，它反映了教育的客观规律。教练依据训练原则对球员进行训练，能更好地提升训练效率，提高训练效果。

（一）自觉积极性原则

教师在对学生进行篮球训练教学的时候，要遵循自觉积极性原则。也就是说，教师必须激发学生的兴趣，调动其积极性，使学生能更加积极自觉地进行篮球训练。具体来说，在训练过程中，需要注意以下几点：

一是针对那些学习比较认真且热衷于深入研究的学生，教师要多鼓励和表扬，使学生更加愿意学习，也对学习更加充满信心。

二是教师要加强对学生的思想教育，使他们有一个良好的、端正的态度，在训练的过程中能对学习目的有一个比较清晰的认知，努力拼搏，团结互助。

三是教师要引导学生多动脑思考，不断提高其分析和解决问题的能力，使他们在遇到问题时能更加自觉、主动地加以分析和解决。

四是教师要不断钻研各种教材与教法，着重考虑教材内容的多元性、实用性和系统性，开阔学生的视野，增长学生的见识，提高学生的实践能力，可以在其中加入竞赛性内容，运用一些比较有趣的教学方法，以激发学生的学习兴趣，使学生更加积极地参与学习。

五是教师要根据训练任务和具体条件来对训练流程进行严密组织，先让学生进行比较基础的、简单的训练，再进行难度比较大的训练，让学生了解某些技术与战术的要领、动作变化、运用时间、用途等，循序渐进，科学合理地安排好各种篮球技能的学习顺序。

（二）直观性原则

在篮球训练过程中，直观性原则能培养学生的观察能力与思维能力，使学生通过各种形式的感知与已有的经验来获得生动的表象，从而对某种知识、技能有更加鲜明的、清晰的认识，能更加准确地掌握它们。教师要对学生进行讲解示范，使学生能了解规范动作，在脑海中建立正确的动作表象，从而形成正确的动力定型，在不断训练中掌握规范动作的要点。具体来说，需要注意以下几点：

一是教师在讲解指导的时候，语言要生动形象，便于学生理解，要能将现有的技能训练与学生已掌握的知识、技能联系起来，通过各种分析和对比，让学生迅速掌握动作的核心。

二是教师在训练学生的过程中，除了用语言讲解，还要采用各种直观形式和手段，例如表格、图片、幻灯片、录像、看电影、看比赛等，使学生能更好地通过这些手段了解动作表象与动作过程中时间空间的关系，提高训练效果。

三是教师还可以运用标志点、线、物以及视觉信号（手势）等使学生集中注意力，训练时能更加清晰地看清规范动作，训练效果得以大幅提升。

（三）从实际出发原则

从实际出发是指从客观存在着的事物及其规律出发。在篮球训练过程中，从实际出发原则指的是要符合学生的年龄与身体素质发展水平，同时以训练场地、器材、气候等条件为基础，对学生进行篮球技能训练，训练的任务、内容、要求、方法等都要符合实际需求。具体来说，需要满足以下两点：

一是教师要深入了解学生的家庭背景、学习背景、身体条件、个性特征、技战术特点等多个方面，从而有针对性地对学生展开训练，因材施教，帮助他们解决可能遇到的问题。

二是教师要科学、合理地安排训练任务，要以学生的接受能力和实际水平为准，合理安排运动负荷，针对那些过于困难的教材内容，可以选择放弃。

（四）循序渐进原则

循序渐进原则是指篮球训练的内容、方法和运动负荷的安排必须符合人的认识规律、符合动作技能形成规律和人体生理机能活动变化规律，真正做到由易到难、由简入繁、逐步深入、不断提高。为此，应注意以下几点：

一是在安排训练内容、组织教法时，一般应遵循由浅入深、由易到难、由已知到未知不断递进的原则。同时，应注意易与难、简与繁、浅与深的结合，对易与难、简与繁、浅与深的把握应结合学生的特点和现实条件全面考虑。

二是训练方法要结合篮球运动的特点，注意训练过程的连贯性和实效性，及时变换训练步骤，使学生由了解到理解，由掌握到运用，逐步提高。

三是全面系统与重点突出相结合。对篮球训练内容以及训练活动各个环节的安排，既要考虑系统连贯，又不能等量齐观，平均分配，而应抓住其关键的内容，重点地进行训练，以突出重点带动全面。

四是运动负荷要由小到大，有节奏地合理安排。随着运动技术、技能的不断熟练，可以逐步增加运动的强度和负荷量。

（五）巩固提高原则

巩固提高原则是指在篮球训练中，以实际应用为最终目的，在学生牢固掌握篮球技战术的基础上再给予一定程度的提高，真正实现从量变到质变的飞跃。为此，应注意以下几点：

一是在训练过程中要有计划地安排作业，使已经学习的内容能得到及时复习，尤其是对于教材重点、关键技术还要适当增加复习时间。

二是增加训练时间和练习密度。根据课的任务和要求，在训练过程中尽可能增加学生练习的次数和练习强度，并适当安排训练比赛，提高学生篮球技战术的运用能力。

三是紧密结合时代发展的步伐，注重知识的更新，不断改进训练方法，甚至创造新的训练方法，使训练内容、方法、手段更具科学性和先进性，更好地促进学生的提高。

虽然上述各训练原则具有相对的独立性，但是它们并不是孤立存在的。它们互相联系，互相促进，共同作用于整个训练过程。只有全面综合地运用各个训练原则，发挥训练原则的整体功能，才能顺利解决训练过程中的问题，更好地指导训练实践。

第三节　篮球运球技术及要点

一、行进间变向运球技术及其突破要点

当遇到防守球员挡路时，控球运动员可以尝试运用高超的控球技巧，改变运球方向，成功地突破对方的防线。考虑到大多数人更偏向于用右手运球，作者在本书中选择以右手运球作为示范。当面对对手的封堵时，我们可以先用右手做运球假动作，引诱对方做出相应的移动，然后将球突破至左前方。之后，利用身体动作和迅速的变向，以及运球的技巧来“过掉”对方的防守。

二、行进间运球“欧洲步”技术及其突破要点

在篮球比赛中，欧洲步被广泛视为一种有效的突破上篮技巧，它是一种源自欧洲球员的独特上篮技术，最初由立陶宛球员萨鲁纳斯·马丘里奥尼斯（Sarunas Marciulionis）使用，随着他加入了 NBA 联赛，这种技术又被引进到 NBA。在用欧洲步上篮时，运动员需要有很强的身体协调能力，因为这种步伐的左右晃动范围非常大。在快速接近防守者后，持球者需要观察对方的重心位置，然后根据情

况决定如何运用欧洲步。在防守者向右侧倾斜的情况下，持球者需要迈出右脚，右脚着地时迅速用前脚掌弹起，然后迈出左脚向左侧，最后上篮终结。在防守者的注意力集中在左侧的情况下，持球者可以向左迈出一步，然后迅速用前脚掌蹬地，再用右脚向右迈出，最后上篮终结。许多顶尖的后卫球员偏爱使用“欧洲步”这项特殊的进攻技巧。在对方防守球员后撤或站立不稳时，持球者运用欧洲步十分有效。

三、行进间运球跳步技术及其突破要点

在篮球比赛中，使用跳步技巧可以有效地进行突破和进攻。这项技巧有助于球员成功地抵达对方篮筐附近，还能帮助他们轻松躲过防守人的防守和封盖，并掌握控球权。在行进间运球时，持球者可以先起跳、后持球、再落地，然后上篮得分。跳步需要持球者具备高水平的身体协调性、运球技巧、快速反应能力以及熟练的动作技能，否则可能在运球时与对手发生意外碰撞，不正确或不流畅的动作可能导致持球者被裁判判罚违例（带球走步）。在行进间运球，持球者运用假动作可以欺骗防守球员，使其误以为自己即将发起进攻。在篮球比赛中，跳步可以以单脚着地或双脚着地的方式完成。在接到球之后，如果持球者决定先迈一步后跳投，那么一旦完成跳步，他就不能再改变落脚的脚步顺序。也就是说，持球者只能选择双脚同时着地或者单脚着地，并且不能再次起跳，只能完成投篮动作或传球，这与进行三步上篮的规定相类似。持球者可以在接球后选择进行跳步上篮，即在单脚或双脚着地后再迈开一步投篮，但在出手前不能再次着地。运用跳步动作时，持球者需要注意选择正确的跳步方向，避免与人发生碰撞。

四、行进间背后运球技术及其突破要点

在行进间运球过程中，如果对方防守球员占据贴身的防守位置，持球者运用体前变向技术可能有被抢断的危险，所以持球者可以考虑使用背后运球的技巧进行变向突破。

再比如，在运球的时候，如果持球者需要往左进行背后变向，他们可以用右手轻推篮球到身后，然后用左手控制球，在篮球稍微向右偏移的位置往后推球，

等球往左脚方向弹起后，迅速用左脚前移，等篮球反弹并升起时，用左手接住球向左移动，从防守人的右侧急速突破向前走。

在进行行进间背后运球时，首先要确保身体的平衡性和稳定性。运球者的身体重心应略微下降，膝盖自然弯曲，两腿分开，大致与肩同宽，保持良好的稳定性和灵活性。运球手的手腕要保持松弛，手指自然张开，以便能灵活控制篮球。

运球者在判断出需要变换方向或在对方防守球员尝试抢断时，就要启动运球动作。此时，运球者会先用一只手将球稳定地运送到身体的一侧，通常是运球者较为擅长的一侧。随后，在球即将离手的瞬间，运球手的掌心向下，用手腕和手指的力量将球向背后推送。

球在离手后经过背后地面的短暂接触，应当迅速、平滑且近乎与地面水平的轨迹弹跳至另一侧。在这个过程中，运球者的头部不应随之转动，以免失去对场上其他运动员和球场位置的视线掌控。同时，运球者的身体应当开始向预计的方向移动，以便在接到球后能立即展开下一步动作。

背后运球的关键之处在于球的控制和落点预判。球从一侧运送至另一侧的轨迹应当是低而快，确保球不会因为弹跳过高而被对手截断。同时，运球者要精确预判球的落点，确保能在球弹跳回来时准确接住。

为了使行进间背后运球顺利且不被预测，运球者往往需要在运球节奏上进行变化，如在进行背后运球前通过晃动身体或变换运球节奏误导防守者。这样不仅能提高背后运球的成功率，也能为接下来的突破或传球创造更好的条件。当球成功从背后弹跳至另一侧时，接球手应当迅速、准确地将球控制住，接球手的手指也应打开，做好接球准备。这一步要求运球者具有良好的手眼协调能力和对球的控制力。接球后，运球者可以根据场上情况迅速作出突破、传球或投篮的决策。

五、行进间转身运球技术及其突破要点

在运球的过程中，如果对方防守球员紧逼自己，持球者可以考虑转身，并利用速度突破对方。比如，持球者用右手持球，如果对方防守球员挡住了右侧的突破路线，持球者可以迈出左脚，然后将左脚当作中枢脚，完成一个 360° 的转身动作，并将球从右手切换到左手，然后迅速向左侧突破，绕过对方的防守球员，而后向前突破。

行进间转身运球不仅仅是一个简单的运球变向技巧，而是一系列协调性动作的综合体。它要求运动员在运球过程中保持高度的集中与协调，利用步伐、身体转动和球的控制来摆脱防守，并创造进攻机会。正确的姿态、精确的控球技巧、协调的身体转动以及迅速的步伐调整是行进间转身运球成功的关键。通过不断的练习和比赛经验的积累，运动员可以将这项技术运用自如，使其成为场上制胜的关键一招。

六、胯下运球接背后运球技术及其突破要点

运用胯下运球接背后运球技术进行突破，持球人需要先做胯下变向，而后做背后变向。不过，这并不代表持球人只需要简单地把这两个动作连起来使用。利用胯下运球接背后运球技术过人的基础，是持球者必须具备熟练的左右手运球技巧、高超的步伐协调能力以及灵活的双手变向能力，这对于持球者的基本功要求很高。持球者在行进过程中，可以利用右手持球、身体稍稍倾向右侧的姿势来迷惑对方防守球员，让对方误以为自己准备向右侧前进。当对方防守球员偏向左侧时，持球者可以突然改变方向，做胯下运球动作，同时用左手控球来做向左侧突破状。在这种情况下，持球者可以在对方防守球员及时改变位置后，将重心转移到他的右侧，进而看准时机，用背身运球的变向突破来攻破其防守，完成过人。如果持球者选择在行进间用左手控球，那么他想要用胯下运球接背后运球技术突破对方防守，需要做的则和上述右手控球的情况相反。持球者需要抓住时机迅速用力蹬地，转移重心向右侧移动身体，同时将球从背后转移到右手，然后快速朝对方防守球员的左侧突破。在运球时，持球者需要通过身体倾斜和制造假动作来迷惑对手，然后突然变向至防守球员右侧，从而快速突破过掉对手。在运用胯下运球接背后运球技术时，持球者需要压低身体，连续低运球，同时注视防守者，以示自己有意突破。此外，运用这种技术，持球者可以打乱对方防守人的脚步和节奏，从而为自己创造突破过人的时机。

七、胯下运球接转身运球技术及其突破要点

在运用胯下运球接转身运球突破动作时，持球者需要先完成胯下变向动作，然后接转身动作完成突破。当行进间运球时，持球者可以利用右手持球，身体稍

微向右倾斜，迷惑防守球员，让他误以为持球者将向右侧前进。一旦对方防守者的注意力转向右侧，持球者可以迅速将球运至左手，注意此时持球者需要做的是向左突破动作，避免翻腕。若防守者迅速调整防守位置以阻止持球者向自己的左侧突破，持球者可以迅速跨出右脚，将右脚当作中枢脚转身，再将球运至右手，从对方防守者的左侧迅速突破。如果持球者选择在行进间用左手控球，那么他需要向左微微倾斜身体，制造错觉让对手以为自己将从左侧突破。待对方防守重心向左侧移动后，持球者可以完成一次胯下变向动作，使防守人员错失防守位置。接着，持球者需要假装向右侧进攻，继续运球，若防守人员紧急调整重心至左侧，持球者可立即用左脚迈出一步，转身后用左手运球，从对手左侧迅速突破完成过人。

八、胯下急停接加速技术及其突破要点

只有具备一定的爆发力、能自如地控制身体重心、自如地控制不同关节部位力量和灵活程度的篮球运动员，才能顺畅地做出胯下急停动作。

通过灵活地运用胯下急停技巧，持球者可以成功地甩开对方的防守球员，从而为投篮和突破拉开足够空间。当持球者用右手持球推进时，他需要保持不变的速度并向前移动，而后从右侧突然做出一个假动作，引诱防守者向左移动。紧接着，持球者右脚快速跨出一步，身体下压且向前倾斜，借助自己的惯性将右腿拉成弓步，同时保持身体平衡，收回突破势头。随后，用右手将球传递至左手，如已摆脱防守者，那么持球者可以尝试投篮得分。若防守者及时回防，持球者可选择左手运球继续突破。在运用胯下急停动作时，持球者必须先确保自己已经具备足够的突破速度，并在急停过程中准确地控制身体重心。在防守球员全神贯注于封锁突破时，持球者做出胯下急停运球动作是非常有效的策略，因为这样一来，持球者可以利用惯性来强化对防守球员的身体对抗效果。

九、体前变向（大幅度）运球技术及其突破要点

在运球行进时，如果对方防守球员挡住了前进方向，持球者可以尝试突然使用体前变向（大幅度）来摆脱对方的防守。运用体前变向（大幅度）动作完成突破的关键在于持球者要灵活运用假动作，并保持低重心持球，使运球幅度足够大、

变向速度足够快，同时要有强劲的爆发力。举例而言：当持球者用右手控球，想向前运球时，可以先用左脚迈向右边，然后右脚向右前方迈出一步，身体稍微转向右侧，左肩向前倾，右肩向后缩。持球者可以选择做出一种假动作，让对方相信自己要向右突破，同时为向左转向做好准备。球在右手上稍作停顿（要注意腕部动作，不可翻腕，以免被判违例），其目的是迷惑对方的防守球员。接着，持球者要迅速用右脚用力将身体移向左侧，将球运到左手，然后迅速从左侧带球，向对方防守球员的右侧方向突破。若持球者用左手控球，那么他所要做的与用右手控球相反。连续做体前变向（大幅度）可以调动对手防守球员的步伐，使其无法稳住重心，从而为自己创造出投篮或者突破的机会。

十、背后运球接后转身运球技术及其突破要点

想要运用背后运球接后转身运球技术，运动员需要保证自己具备稳固的基本功和高水平的心理素质。比如，在右手运球行进时，持球者需要先假装向右突破，让对方防守球员往左移动，然后迅速从背后运球，将球从右手换到左手。在对方防守球员采取行动时，持球者要将右脚移到左脚外侧或者双脚之间，将右脚作为支撑点来完成转身（防守者左侧）。与此同时，持球者需要将持于左手的球运向右手。在转身时，持球者切记要将左脚置于对方防守球员的左侧后方，这样可以有效地挡住对手，阻止他做出进一步的补防或抢断动作。使用背后运球接后转身运球技术，对于持球者有很高的左手球感要求。如果持球者的左手控球能力较为有限，那么他可能会在转身时失去对球的控制，也就是把球“运飞”。另外，在转身时，持球者要确保脚步趋于平衡，以避免走步违例。

第四节　篮球传球技术及要点

一、篮球传球技术的发展

通过研究历届男子篮球世界锦标赛、奥运会男子篮球的比赛录像可以发现，现代篮球比赛常用的传球技巧有单手体侧传球、双手头上传球和双手胸前传球。

比赛环境不同于训练环境，比赛时节奏更快，强度更大，对传球速度和精准

度要求更高。无论是带球快攻还是阵地快攻，较高的传球速度正是比赛节奏紧凑的关键。此外，从球赛的观赏角度而言，赛场上的实时赛况并非人为彩排操控的，这也是篮球比赛能吸引大批观众的原因。

通过反复观看并研究分析比赛录像可知，比赛时减少传球的次数，提高传球的精准度，可以提高带球进攻的成功概率。这需要球员与球员之间的高度配合，传球队员传球前，接球队员早已做好接球准备，并在预定的位置将队员传来的球接住，实现传接之间的运用自如。此外，随着防守技术的升级，比赛中的传球距离也在不断缩减。近距离的传球次数明显增多，远距离的传球次数日益减少。然而，在近现代男子篮球比赛中，占据主导地位的还是远距离传球。这是因为近现代篮球比赛节奏快，快攻的发动次数多，远距离传球有助于发动快攻。因此，近期内的远距离传球次数，并不会呈现明显的下降趋势。

研究指出，篮球比赛中的阵地进攻传球次数将不断减少，近距离传球将成为主要的传球方式。这样做有助于降低传球的失误率，提高比赛的进攻概率。此外，为了应对比赛中对方球员防守力度的加强，必须提高传球速度，特别是带球快攻时，更需要精准快速地传球。为了穿越对方高强度高密度的防守，常用高度隐蔽性传球作为阵地进攻时的传球技巧。

二、篮球传球技术的特征

（一）快速进攻的传球技术特征

在球队快速发起进攻时，进攻方及时准确地传球对于场上五名队员实施快攻战术至关重要。由于快攻传球需要在球员加速过程中完成，在启动进攻、推进进攻和传递球时，持球者应迅速、精准并有效地完成短传，或完成突破传球，以迅速突破对方防线。

发动进攻、推进进攻和结束进攻是快攻战术的具体组织结构。在篮球比赛过程中，跳球获球、掷界外球、抢获后场篮板以及抢断球后，都是发动快攻的重要时机。及时且快速地发动快攻，可以取得很好的进攻效果。作为快攻战术发动阶段的重要环节，快攻首传不仅出手速度要快，传球更要准确，距离又要远，需要将球传至前场，实现快速进攻的目的。因此，快攻首传会使用单肩传球，以最短耗时和最高效率完成首传，在进攻的过程中，形成多打少的战略布局。

（二）不同分工的传球技术特征

篮球比赛是一项团体竞技活动，每场比赛由多名篮球运动员参与，每支队伍分别派出 5 名球员上场。球员在比赛中所扮演的角色和承担的职责是有所区别的，这就决定了他们在场上的位置也会有所差异。以球员在比赛中的职责和任务为标准，我们通常可以将篮球球员划分为中锋 Center（C）、大前锋 Power Forward（PF）、小前锋 Small Forward（SF）、得分后卫 Shooting Guard（SG）和组织后卫 Point Guard（PG）。

1. 前锋的传球技术特征

作为球队比赛中的得分主力，前锋主要策划组织前场进攻。前锋队员不仅得分能力非同一般，而且在进攻传球时能使技巧与策略协同并进。前锋的重要作用体现在带领队员向对方球队发起进攻，并投篮得分。因此，运球与突破性传球作为关键步骤，必须快速而且准确。大前锋一般都具有身高优势，重在承揽球队的篮板球。在比赛中，大前锋应该抓住机遇，创造更多的进攻条件，在高位时通过巧妙传球，制造得分契机。综上所述，前锋位置上的传球技术特征主要表现为双手或者单手胸前传球，单手肩上传球和单手体侧传球。

2. 中锋的传球技术特征

在篮球比赛中，具有决定性意义的区域就是禁区。作为整场进攻的中心位置，守护禁区的职责就落在中锋球员的肩上。因此，比赛时的中锋球员不仅要能在阻止进攻的时候加强防守，而且在发起进攻时，由于有机会站在靠近罚球线的禁区内接球，必须具备精准的篮球传导能力，将篮球传给其他队员，为进攻得分创造有利的时机。总而言之，中锋位置的传球技术特征主要表现为双手或者单手低手传球以及双手头上传球。

3. 后卫的传球技术特征

篮球场上的得分后卫和组织后卫，分工不同职责各异。得分后卫是接球然后投篮得分，组织后卫的主要职责是传球并指挥本队球员进攻。

在比赛中，后卫球员的双手胸前传球重在通过运球突破对手的阻挡和拦截，将球快速准确地传给本球队的得分后卫。在传球方式上，组织后卫通常采取直线、折线相结合的传球方式。此外，双手举过头顶式的传球方式，主要适用于在赛场外围传球，或者借助高吊球的方式将球传给场地中前端的内线球员。因此，后卫球员在运用双手头上传球技术时，只能采取弧度路线传球。

（三）阵地进攻的传球技术特征

球员之间的相互配合是决定阵地进攻效果的关键。在篮球比赛中，局部范围内的两到三名球员，为了实现协调一致的进攻目标，开展的有组织的进攻行为就是配合。比赛中所运用的多元战术，都要以球员之间的配合为基础。熟练掌握配合技能，有助于整支球队更加灵活有效地发挥进攻实力，实现传球时的精准配合。

掩护、策应、传切和突破分球是进攻时较为基础的四种配合手段。可以说，篮球比赛的各种进攻战术都是上述四种配合手段的运用。传切和突破分球这两种基础的配合方法是最常用的传球技术。进攻队员之间的传球和切入就是简单的传切配合。对方球队防守扩大，空置一侧防守或者防守队员失去警觉时，可以采用传切配合。观察研究比赛录像可知，技术水准较高的球队在运用传切配合时，会采用双手胸前传球提高传球的准确性。传切配合无须做出过多的假动作吸引对方的防守球员，只要简单直接地将球传给左右两侧的切入队员，就可以获得投篮得分机会。NBA 篮球联赛中的洛杉矶湖人队，常用的三角战术就很好地体现了传切配合技巧。持球者突破对方球员的防守，与同伴配合传球的方法就是突破分球法。突破分球法适用于拆解对方的各种战术。在实施突破分球法时，球员通常先是突破对方的防守，在运球的过程中，推球传球，并借助上篮的假动作在腾空时变换方向传球。

三、篮球传球的技术要点

篮球运动员可以采用多种方式传球，然而无论采用何种方式，传球的过程都会涉及传球者的动作技巧、球的飞行路径以及接球者的位置三个要素。具体而言，传球的动作至关重要，它能决定所传出的球的飞行轨迹、速度和准确度。

（一）传球的方式与手法

我们可以将传球划分为双手传球和单手传球，具体来说包括原地传球、行进传球和跳起传球。此外，根据不同的出球方向，我们可以将传球分为前后传球、左右传球、上下传球。无论是采用哪种传球技巧，场上球员都需要保持身体各部分协调配合，在最后阶段通过手腕和手指动作的配合完成传球。在进行中短距离传球时，持球者通常需要伸展和摆动前臂，并利用手腕和手指施加力量来完成传球。就传球而言，持球者最关键的是从腕部和指尖发力。

传球手法是指球出手的瞬间，手腕、手指对球的飞行方向、速度、路线等的控制，也就是手腕翻转、前屈和拨指的用力方法。手腕、手指力量作用于球的正后方，则球飞行方向是向前，而且是平直的。手腕、手指力量作用于球的后下方，则球飞行的方向是左前方，且沿弧线飞行。手腕、手指的力量作用于球的后上方，则球向左前下方击地成折线弹出（反弹球）。在球即将离手的一刹那，用力越大、发力越快，作用于球的力量就越大，球飞行的速度就越快。反之，手腕、手指用力缓慢，则球飞行的速度就会减慢。由于球即将离手的一瞬间，手腕、手指用力的大小、速率的快慢和作用于球的部位不同，会影响着球的飞行速度、方向、路线和球到位的准确性。所以，巧妙地运用手腕、手指力量是提高传球技巧的关键。

传球时，虽然手法是主要的，但蹬地、腰腹和手臂用力与腕、指的协调配合，也是不可忽视的。特别是前臂的伸、摆、甩等动作方法，不但能提高出球的速度，还可以增加出球点，扩大出球面，提高传球的灵活性，从而增加传球的威力。

（二）传球的位置

传球的位置是指球员传球时打算让球落到的地方。进行传球时，持球者需要考虑接球队员的位置、行进速度，并预判其下一步的动向，以及防守队员的位置和动向，要将这些要素综合起来加以分析。此外，持球者必须将球传给与防守者之间的距离足够远的队友，并确保传出去的球能被队友接住。持球者要保证当队友到达自己传球的位置时，球刚好落到他们的接球范围内，以确保接球者可以顺利继续进攻。

接球是获得球的动作，也是抢、断球的前提。接球的主要目的是得到球，以便迅速衔接下一个动作，或传球，或投篮，或突破和运球。在激烈对抗的比赛中，能否采用正确的动作牢固地接住球，对于减少传球失误，弥补传球的不足都是非常重要的。

接球有双手接球和单手接球，不论哪一种，接球时眼睛要注视来球，肩臂都要放松，手臂要伸出迎接，手指自然分开。当手指触及球的一瞬间，要及时屈肘，手臂后引，以便缓冲来球的力量。要把接球技术完成好，必须重点掌握迎球、缓冲、衔接三个环节。

（三）球飞行路线

球飞行路线有直线、弧线和折线三种。比赛中，由于攻、守队员站的位置、距离、移动速度和意图的不同，所以选择的传球路线和球飞行的速度也有所不同。例如，传出的球如果需要从空中越过防守队员，则应用弧线球；传出的球如果不需要超越防守队员或传给已摆脱防守的同伴，则应多用直线球。总之，要随机应变，准确地掌握传球时机，正确、合理地选择球的飞行路线，使同伴能顺利地接到球。

第五节　篮球投篮技术及要点

投篮是进攻球员使用的特定技巧和动作，将球投入对方篮筐的行为。在篮球比赛中，投篮是仅有的得分方式，能直接决定得分的多少，甚至决定比赛的胜负。所以，所有进攻战术和技巧的目标在于为进攻队员创造更多且更有效的投篮机会。在学习篮球运动技能过程中，锻炼投篮技巧并使自己的得分命中率不断提高，是篮球运动员提升篮球水平的核心目标。

随着现代篮球运动的不断发展，运动员身体形态、机能素质全面提高，攻守对抗日趋激烈，特别是新规则的修改，促使投篮技术向更准确、高难度、多样化的方向发展。因此，要更加重视投篮技术的教学与训练。

一、投篮技术简析

投篮命中率受许多因素影响，包括但不限于持球者的个人心态、持球方式、瞄准技巧、身体协调性、出手动作、出手速度、动作流畅度、球的弧度和旋转、入篮角度以及环境因素。这些因素之间相互连接、相互作用。控制好这些因素，持球者就可以完成投篮技术动作。如果其中任何一个环节出现意外，投篮的准确性都会受到影响。所以，在进行投篮时，持球者需要确保身体各部分协调配合，以保证技术动作足够流畅、投篮足够精准。需要特别关注的是，持球者需要具备良好的心态，因为它在提高投篮命中率方面发挥着重要作用。

投篮是指队员在场上将球投入篮筐的专门技术动作，是篮球比赛中完成进攻目的——得分的关键性技术和唯一手段，是所有进攻技战术的最终目的和全部攻守矛盾的焦点。因此，要加强投篮技术的教学和训练。正确掌握并熟练运用投篮技术，不断提高投篮命中率，是对篮球教学和训练的基本要求。

（一）持球手法

掌握正确的持球手法是确保投篮命中率的基础，无论持球者是使用单手持球，还是选择双手持球，都要保证球足够稳定，这对于其调整出手方向和力量而言非常关键。

1. 单手持球法

举例而言，当持球者想要完成原地单手肩上投篮时，球员需要将投篮手的五指间隔开，手腕向后弯曲，手心留有一定空间，用指尖轻触球的顶部，同时肘部自然下垂；用另一只手支撑球的侧面上部，将球置于同一侧的头部旁或肩膀斜上方。

2. 双手持球法

举例而言，在进行原地双手胸前投篮时，持球者需要将双手自然分开，两拇指以八字形的方式呈现，持球的方式是用手指根部握在球的两侧后下方，留出手心空间，并将双臂自然弯曲，让它们向下垂，肩膀放松，然后将球放在胸前。

（二）瞄篮点

瞄篮点是指持球者在投篮时将目光集中在篮筐或篮板上的特定位置。基于瞄篮点，持球者可以迅速评估篮筐的位置和距离，进而确定投篮所需的力量、弧线和目标点。想要完成空心投篮，持球者通常要瞄准篮筐前缘正中，而想要完成碰板投篮，持球者则需以篮板上一个特定点作为瞄准目标。此外，投篮的角度、距离、力度和飞行轨迹也会对瞄篮点的选择有所影响。

（三）协调用力

对于投篮而言，协调用力是非常关键的。想要成功地完成投篮，持球者需要确保各个身体部位协调一致，同时把控出手力度。以原地单手肩上投篮为例，该动作的核心在于使用正确的准备姿势、站立方式和恰当的身体平衡程度，因为持球者需要以此为发力基础。之后通过蹬地、身体伸展和肌肉协同作用，最终通过手臂、手腕和手指的协调动作完成投篮。

（四）出手角度和出手速度

投篮后，出手角度，即球离手时的角度决定了球的飞行轨迹和入篮角度，这个角度是由球体重心飞行轨迹的切线和出手点的水平面所构成的。正如上文所言，出手角度的大小主要取决于投球者手指对球体发力的作用点以及球离手之后的运动方向。想要让球沿着理想的弧线飞出并成功得分，持球者需要确保出手角度和出手速度足够科学合理。

出手速度是指投篮出手的一瞬间，身体各部位的综合肌力经过手指和手腕的调节使球离手进入空间运行的初速度。投篮出手速度首先取决于身体协调、综合用力的大小及腕、指用力的调控，而手腕的翻转、抖动和手指弹拨球的动作柔韧性、突然性和连贯性是取得合理出手速度的关键。投篮出手速度与距离的关系是投篮的距离越远，球出手的速度则应越快，出手速度和出手角度也是相互制约的，所以投篮的距离也会影响投篮角度的变化。

（五）篮球的旋转

球的旋转是依靠手腕前屈或翻转和手指拨球产生的，球的不同旋转方向和速度主要取决于手指最后的用力动作。一般来说，在中远距离投篮时，都应使球向正后方向旋转。后旋转不仅能使球保持合适的飞行弧线，获得理想的入篮角，而且球触及篮板或篮圈的后沿也利于向下反弹落入篮圈。不同的旋转方向对各种篮下投篮也有帮助，尤其对失去角度的篮下投篮，旋转的碰板球往往能产生意想不到的效果。

（六）投篮弧线和入篮角

投篮弧线是指球离手在空中飞行时形成的轨迹，通常为抛物线。弧线高低取决于投篮的出手角度和出手速度，投篮距离和出手高度也与弧线密切相关。不同的投篮弧线产生不同的入篮角和入篮截面，因此，它对投篮命中率有直接影响。

人们习惯将投篮弧线分为高、中、低三种。实践证明，中等弧线是最理想的，它的入篮角、球与篮圈的径向间隙可达到最大值，球心与篮心的偏差最小。中、远距离投篮，球离手时一般应使上臂与身体的垂直线呈 30° 角左右，弧线最高点是在篮圈水平面上 1.2～2 米为宜。但由于运动员的身高、投篮距离、投空心篮与碰板投篮的不同及防守干扰等原因，投篮弧线不可能是一种模式。运动员要从实际出发，既要熟练掌握投篮弧线的一般规律，又能区别对待。

二、影响投篮命中率的因素

在篮球比赛过程中，投篮命中率受运动员的训练态度、技术水平、时机把握、身体素质以及对手防守和心理素质等多种因素的共同影响。

（一）思想作风

在篮球赛场上，持球者想要投篮，通常会遭遇对手的干扰。所以，在日常的训练过程中，教练需要鼓励队员积极面对挑战，培养他们为团队目标而努力的责任感，激发他们对训练的热情，帮助他们锻炼比赛所需的篮球技术和正确心态，为其在比赛中能展现卓越的投篮技巧奠定充分的思想基础。

（二）投篮技术

想要提高投篮命中率，运动员的首要任务是掌握正确投篮技术。所以，在教学中，教练应该特别关注正确的投篮技巧，并以此作为运动员培训的基础，以提高其篮球技术水平。

（三）投篮时机

投篮命中与投篮机会的质量息息相关。在选定合适时机、减少干扰的情况下，持球者要保持信心，这有助于在投篮时提高命中率。与此相反，如果球员在不合适的时机出手，那么其投篮命中率很可能会下降，并且可能被对手成功干扰或者“盖帽”，这会对进攻方球队的士气产生负面影响。所以，在比赛中，我们应该积极创造高质量的投篮时机，尽可能地让每次出手都不受干扰。投篮时机通常会涉及以下几方面内容：

第一是自己持球摆脱防守后。

第二是处在有利的位置上或有把握的位置上接到球后。

第三是战术配合中出现预期的投篮时机。

第四是同伴处于有利的抢篮板球位置上或自己有把握冲抢到篮板球时。

第五是防守队员距自己较远或利用假动作分散对手的注意力时。

第六是比赛中打不开局面，需要强行投篮时。

（四）身体训练程度

个体的身体素质是其完成各种运动动作所需的基本条件，能对准确投篮产生决定性影响。在比赛开始后，许多运动员可以展现出精湛的投篮得分能力，但随着比赛的进行，他们的体力逐渐下降，其投篮命中率也会有所下降，会变得“越来越不准”。所以，在训练中，篮球运动员需要注重提高身体素质，结合身体强化和技术训练，并设定极限负荷条件进行投篮练习，以适应高强度的比赛，保证自己的投篮命中率足够稳定。

（五）心理素质

对于要求高精准度的投篮技术，心理素质所发挥的作用特别关键，即便是微小的心态变化也会直接影响运动员投篮的准确度。现代篮球的不断进步不仅需要球员具备强壮的身体和高超的篮球技巧，还需要他们拥有坚韧的心理素质。无论遇到任何挑战，篮球运动员都要保持自信，果断出手。

三、投篮技术动作方法

（一）原地投篮

1. 原地单手肩上投篮

在篮球比赛中，很多运动员都喜欢使用单手投篮，其中以单手肩上投篮最为常见。其他单手投篮动作通常都是在这种基本技巧的基础上发展而来的。原地单手肩上投篮的出手点足够高，方便与其他攻击技巧结合和转换。同时，无论防守者处于任何位置、与篮筐距离如何，都可以使用该技术。

（1）用途

在篮球比赛中，原地单手肩上投篮是运动员较为常用的基本投篮技巧，它可以被当作篮球运动员学习其他投篮动作的起点招式。这种投篮方式适合与其他动作配合使用，因为其出手点比较高，不容易被对手阻拦，很多篮球运动员都比较习惯运用这种技术进行投篮得分。

（2）动作方法

假定持球者习惯用右手投篮，想要流畅地完成原地单手肩上投篮，他需要保持双脚稳定站立，脚距与肩同宽，右脚稍微向前迈，确保身体重心置于两脚间，保持平衡；弯曲手臂，旋转手腕，让掌心朝上，手指放松自然展开，将球置于右眼前上方，同时用左手扶住球的侧面以使其处于平衡状态；微微屈膝，身体放松向后倾，眼睛注视篮筐。在投篮时，腿部与脚部用力蹬地，腰部伸直，肘部抬起，手腕向前推动，然后用食指和中指拨球，将球投出后，右臂自然地跟随投球动作摆动。

（3）动作要领

上下肢协调用力，蹬伸、展腰、屈腕、手指柔和地拨球。

2. 双手胸前投篮

运用双手胸前投篮这种传统的篮球投篮方式时，持球者需要在原地抬起双臂投篮。该技术适合中远距离投篮，女性篮球运动员在赛场上大多使用该技术。客观来说，在具备出手快、较隐蔽等优点的同时，双手胸前投篮也更易于与传球、突破等技术动作结合，能让防守者难以正确判断持球进攻者的下一步动向，也能让防守者无法顺利地找到封盖位置。

（1）用途

双手胸前投篮的方法较简单，可与传球和运球技术相配合，允许持球者调动全身力量，因此它常常被女性篮球运动员使用。

（2）动作方法

双脚分开站立，微微弯曲膝盖，保持平衡，双手持球放在胸部前方，上半身略微前倾，眼睛注视篮筐。在投篮时，双脚同时发力蹬起，用力伸展腰部和腹部，然后迅速将双臂向上伸展，手腕向前弯曲，接着用食指和中指尖端拨球投出。投篮时，持球者需要跟随球出手方向的动作伸展身体。

（3）动作要领

自然屈肘，蹬伸、翻腕、手指拨球用力协调一致。

（二）行进间投篮

1. 行进间单手肩上投篮

（1）用途

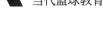

行进间单手肩上（高手）投篮是比赛中广泛应用的一种投篮方法。一般多在快攻结束和突破篮下时运用，通称跑动中投篮。其优点是出手点高，易用身体保护好球。

（2）动作方法（以右手投篮为例）

在快速运球或跑动中，右脚向前跨出一大步的同时接球，左脚迅速跟上跨出1/4步，同时用全脚掌着地，迅速过渡到前脚掌起跳，右腿屈膝上抬，两手持球上举至肩上头侧，当身体上升接近最高点时，右臂柔和向上伸展，手腕稍前屈，食指、中指用力拨球，将球投出。

（3）动作要领

跨出第一步时注视瞄篮点，跨步有节奏，起跳接近最高点时手臂柔和向上将球投出。

2. 行进间单手低手投篮

（1）用途

行进间单手低手投篮是在快速跑动中超越对手后或在空中探身超越对手后投篮的一种方法。具有速度快、伸展距离长、出手点离篮近等优点。

（2）动作方法（以右手投篮为例）

右脚跨步同时接球，左脚接着跨出一小步并用力蹬地起跳，右腿屈膝上抬，双手向前上方举球。当身体接近最高点时，左手离球，右手掌心向上托球，并充分向篮筐的方向伸直，接着屈腕，食指、中指拨球，最后通过指端柔和地将球投出。

（3）动作要领

身体向前上方充分伸展，用手腕和手指上挑将球投出。

（三）跳起投篮

在篮球运动中，我们将跳起投篮简称为跳投。跳投是指在投篮之前跳起一定高度，并在空中完成投篮动作，其投篮手的手势类似于原地单手投篮，只是增加了起跳的动作。跳投的优势在于突然性较强、对对方篮筐的攻击点高，且难以被对手有效防范。如今，在篮球比赛中，投篮已经成为球员们常用的得分方式。很多运动员可以在不同的距离位置和角度位置上使用这种技术，其应用场景相当丰富，并且在实际比赛中的得分效率很高。下面主要介绍两种常见的跳投技巧，包括原地跳起单手肩上投篮、急停跳投。

1. 原地跳起单手肩上投篮

（1）用途

持球者可以在面对防守时，运用迷惑性的传球动作和突破动作，诱使防守者向后退，紧接着突然起跳出手将球投出。

（2）动作方法（以右手投篮为例）

双脚分开站立，左右腿的膝盖微微弯曲，整个身子的重心置于双脚之间，双手握球抵住胸腹，放松上身，目光注视篮筐位置。在起跳时，屈膝降低身体，用力蹬地双脚跳起。与此同时，双手将球托向肩膀上方，左手控制球的平衡。当整个身体接近或达到最高点时，左手自然收回，伸展右臂朝前上方，屈腕用力，通过食指和中指发力，以指尖将球投向篮筐。

（3）动作要领

起跳时蹬地有力，身体接近最高点时出手，全身协调用力。

2. 急停跳投

（1）用途

进攻队员向篮下移动接球时或运球向篮下突破时，防守队员为了防止进攻队员深入篮下，往往采用撤步防守。此时，进攻队员可以果断采用急停跳投的方法。

（2）动作方法

以右手投篮为例，队员在运球中，突然利用跳步或跨步急停起跳，同时两手持球上举。当身体接近最高点时，右臂向前上方伸展，手腕发力前屈，食指、中指用力拨球，通过指端将球投出。接球急停跳投时，队员跳步或跨步急停接球，两脚同时或前后落地，脚尖正对投篮方向，两腿稍屈、降低重心，并迅速跳起投篮。出手动作与单手肩上投篮相同。

（3）动作要领

急停要稳，急停与起跳衔接要快，动作连贯。

（四）扣篮

扣篮是直接将球由上向下灌入篮筐内的一种投篮方法。它是投篮技术发展中的又一重要标志，改变了投篮的一般规律。由于扣篮的投篮出手点接近球篮又高于篮筐，具有最佳的入射角，因此无须考虑抛物线因素。在世界强队比赛中，扣篮得分所占的比例越来越大，扣篮方式随着实践发展而多样化。有原地扣、行进间扣、单手扣、双手扣、正手扣、反手扣、凌空接扣等。扣篮具有出手点高、球速快、攻击性强、准确性高等特点，但也是难度较大的投篮方法，必须有很好的身体素质，特别是弹跳力和控制球的能力。

（五）补篮

补篮是指投篮未中，球刚从篮圈或篮板弹出时，在空中运用单手或双手将球托入或拨入篮圈的投篮，是一种无明显持球动作直接用力投篮的方式。补篮时，队员应根据腾空后，人、球、篮的相对位置、高度、角度以及防守情况，灵活地选择补篮的方法。以下是两种基本补篮方法：

1. 单手补篮（以右手为例）

准确判断球反弹的方向和高度，及时起跳，尽量伸展身体和手臂，用右手的腕、指力量触球，并用托球、点拨球的方法将球投向篮圈。

2. 双手补篮

球反弹方向在头的正上方时多采用双手补篮。起跳后，双手触球后可用拨球的方式将球投向篮圈，其他动作与单手补篮基本相同。

四、投篮技术的教学步骤与练习方法

（一）教学步骤

投篮技术的教学，首先应先教原地投篮，其次教行进间单手肩上投篮、单手低手投篮，最后教原地跳起投篮。

通过讲解、示范使学生建立完整正确的投篮技术概念，掌握正确、规范的投篮手法以形成技术动作定型。在掌握了基本手法和步法的基础上逐渐增加练习的次数、距离、难度、强度、密度等，并在攻守对抗条件下提高投篮的命中率。

（二）练习方法

1. 原地投篮练习

一是徒手模仿练习。两人一组相互对投，体会投篮手法和用力动作。

要求：注意持球手法，下肢先发力，体会蹬、伸、拨（手指拨球）的动作。

二是正面定位投篮练习。队员每人一球在罚球线上排成单行，自投自抢，依次反复进行。

要求：注意持球手法，下肢先发力，体会蹬、伸、拨的动作。

三是不同距离、角度的投篮。队员面对篮筐，每人一球，离篮 5～7 米站成一个弧形。每人依次在同一角度，三个不同距离的位置进行投篮，投完后，按顺时针轮转到下一个角度的位置。

要求：根据不同距离体会用力大小。

2. 行进间投篮练习

“④”号队员运球与球篮成 45° 自三分线外起动行进间投篮，抢篮板球后将球传给下一名队员，然后跑至队尾，依次轮流练习。此练习也可在篮下站一人，外围队员依次跑进接篮下队员传来的球上篮（图 3-5-1）。

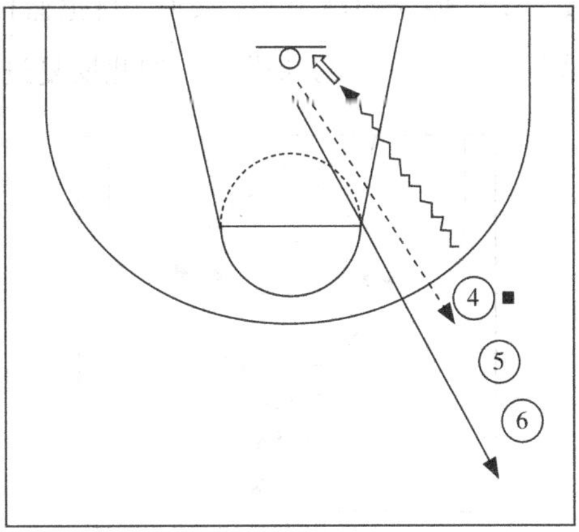

图 3-5-1　行进间投篮练习

要求：用低（高）手投篮的动作方法，步法要正确。

3. 行进间传接球投篮

两人一组，全场传接球投篮（图 3-5-2）。

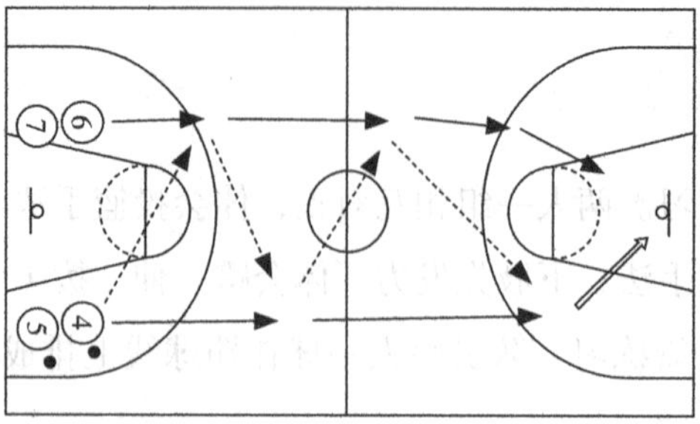

图 3-5-2　行进间传接球投篮

要求：跑动中传接球动作要规范；推进要有一定的速度。

4. 移动投篮练习

方法一：两点移动投篮。两人一组，一人传球，一人投篮。规定连投 10～20 次，或达到规定的投中次数，两人交换练习。可根据队员主要进攻位置确定投篮点。如前锋重点练 45° 角和 0° 角两点移动接球投篮，后卫重点练习罚球弧顶和 45° 角两点移动接球投篮。

要求：移动迅速，接球同时做好投篮准备，投篮时不要再调整。

方法二：跑动接球投篮。队员除排头，其他每人一球。开始时，“①”从右边侧身跑向底线，并接“②”传来的球急停，投篮，自抢篮板球后站到队尾。“②”传球后侧身跑向左边底线，接“③”的球投篮，如此反复进行（图 3-5-3）。

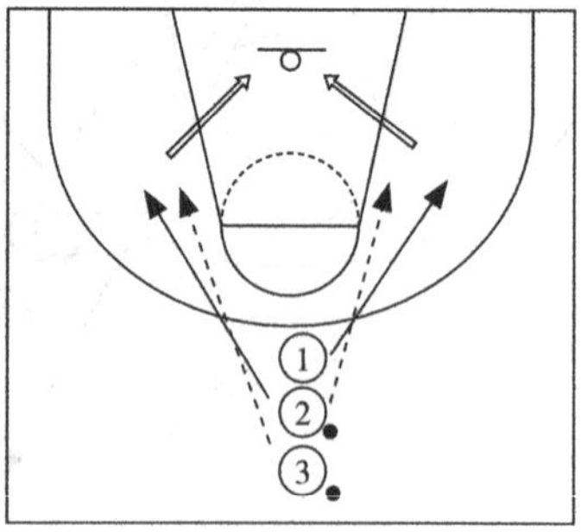

图 3-5-3　跑动接球投篮

要求：跑动时要侧身看球，接球后要面向篮板，投篮动作连贯协调。

方法三："V"形移动接球投篮。"③"传球给"②"后，下压上提接"②"的回传球投篮。"②"抢篮板球后到"④"的队尾，"③"投篮后到"①"的队尾，反复练习（图 3–5–4）。

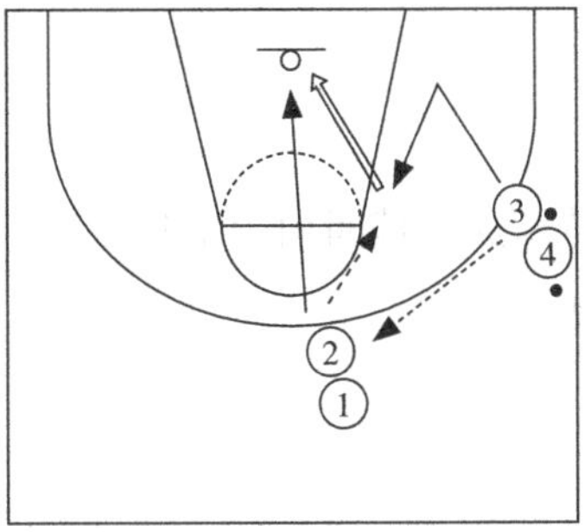

图 3–5–4　"V"形移动接球投篮

要求：下压上提应有节奏变化，有假动作、有掩护意图，投篮动作连贯协调。

5. 跳起投篮练习

方法：每人一球原地跳起投篮。队员在罚球线两侧站成两路纵队，依次投篮，投篮后自抢篮板球站到另一队的排尾。

要求：持球下蹲、举球和起跳动作协调连贯，控制好身体重心，在接近最高点时出手。

五、投篮技术教学中易犯错误及其纠正方法

（一）双手胸前投篮

1. 易犯错误

一是持球手法不正确，肘外张，手臂僵硬，手腕动作紧张。

二是投篮时两手用力不一致，伸臂不够充分，出球时手指没有自然分开。

三是投篮时用力不集中，形成推球动作。

2. 纠正方法

（1）讲解示范法

讲解双手胸前投篮技术的难点与动作要领，并通过多角度示范（侧面、正面、镜面示范），使学生在建立正确技术动作概念的同时，加深对技术动作细节的理解。

（2）口令提示法

学生成体操队形面对教师站立，根据教师口令做向前上方伸臂及翻抖手腕的动作。同时，纠正伸臂不充分、两臂用力不一致、动作僵硬等错误。

（二）单手肩上投篮

1. 易犯错误

一是单手持球不稳，持球或出球时肘关节外张。

二是投篮时用力不协调。

三是球不旋转。

四是抛物线太低。

2. 纠正方法

（1）讲解示范法

讲解单手投篮技术的动作要领，并能通过多角度示范，强化学生对动作方法的理解。

（2）限制法

投篮时，肘外侧放一标志物，要求投篮时肘关节不能触碰标志物。

（3）反复练习法

多做原地徒手模仿练习，固定持球动作，体会投篮时全力协调用力的感觉。

（4）针对练习法

针对抛物线太低和球不旋转的问题，教师应该反复提醒投篮时的抬肘动作和球出手时压腕、拨指动作。

（三）跳起投篮

1. 易犯错误

一是起跳后身体重心控制不稳，失去平衡。

二是起跳后身体过分弯曲，形成“后坐”或“挺腹”动作。

三是投篮时出手太晚，造成投篮用不上力。

2. 纠正方法

（1）讲解示范法

讲解原地跳起单手投篮技术的难点与动作要领，并通过多角度示范，使学生在建立正确技术动作概念的同时，加深对技术动作细节的理解。

（2）诱导法

学生呈体操队形，根据教师口令，连续做原地起跳、空中维持身体重心平衡的练习，此练习亦可持球进行。

（3）辅助性练习

学生两人一组，面对面站立，一人持球做原地跳投的模仿动作，另一人则用手扶住同伴腰部两侧，使其体会身体在空中的平衡感觉，纠正起跳后身体重心不稳，髋关节弯曲，形成“后坐”“挺腹”的错误动作。

六、投篮技术教学训练的建议

在投篮技术教学训练中，建立在正确投篮技术动作定型的基础上，要把投篮与摆脱防守、传球、接球、运球、突破、脚步动作、假动作、抢篮板球等技术结合起来，培养其应变能力。

重视投篮的心理训练，提高投篮命中率。通过比赛和一些特殊的训练手段，提高学生的抗干扰能力，使他们能在一定的心理压力下，保持较高的投篮命中率。

在战术背景下进行投篮训练，培养学生的配合意识，提高他们运用投篮技术的能力。

在教学、训练中随时注意观察，发现错误动作，找出其产生的原因，及时采取针对性的措施加以纠正，以免形成错误的动力定型。

第四章　篮球运动的基础训练与教学研究

本章的主题是篮球运动的基础训练与教学研究，包括四部分内容：篮球运动员体能训练、篮球运动员技战术训练、篮球运动员医务卫生教学、篮球运动员营养保健教学。

第一节　篮球运动员体能训练

一、力量与速度素质训练

（一）力量素质训练

在篮球运动员的训练中，训练前的准备无疑是一个至关重要的环节。全面的热身活动不仅能使运动员的身体达到最佳状态，还能有效预防运动损伤，为接下来的训练或比赛打下坚实的基础。轻松跑步是热身活动中不可或缺的。通过适度的慢跑，运动员可以逐渐提高心率和血液循环，使身体逐渐进入运动状态。拉伸运动在热身中同样占有重要地位。运动员需要针对全身各个部位进行拉伸，特别是下肢和核心部位。这些部位在篮球比赛中使用频率极高，因此需要通过拉伸来增加肌肉弹性和柔韧性，预防因肌肉僵硬而导致的损伤。此外，基本的球技练习是热身活动的重要组成部分。这些练习能帮助运动员更好地适应比赛节奏和强度，为接下来的比赛做好准备。在热身活动之后，力量训练便成为运动员提升身体素质的关键环节。力量训练主要分为全身力量训练、爆发力训练和针对性力量训练。

1. 全身力量训练

全身力量训练是提升运动员整体力量水平的重要手段，它通过综合训练各个肌肉群，帮助运动员在竞技场上有更加出色的发挥。这种训练方式通常采用自由重量和固定器械相结合的方法进行，旨在全方位地增强运动员的力量和耐力。在全身力量训练中，自由重量训练占有重要地位。自由重量训练指的是使用杠铃、哑铃等无固定轨迹的器械进行的训练。

2. 爆发力训练

爆发力训练，旨在通过一系列精心设计的练习，使运动员在短时间内能爆发出强大的力量。这种训练方式不仅有助于提高运动员的起跳高度和瞬间速度，更能提升运动员的整体竞技水平，从而使运动员在比赛中取得更好的成绩。爆发力训练通常结合了有氧和无氧两种运动方式，以达到最佳的锻炼效果。有氧训练如长跑、游泳等，有助于提高运动员的心肺功能和耐力，为后续的爆发力训练打下坚实的基础。而无氧训练则更加注重短时间内高强度的肌肉收缩，如短距离冲刺、跳跃等，旨在锻炼运动员的肌肉力量和爆发力。在具体的爆发力训练中，跳跃练习是非常重要的一环。通过进行深蹲跳、单脚跳、交叉跳等多种跳跃方式的训练，运动员可以逐渐提高腿部肌肉的爆发力和协调性，从而在比赛中能更加轻松地完成起跳动作，获得更高的起跳高度。

3. 针对性力量训练

针对性力量训练在篮球运动员的训练体系中占据着举足轻重的地位。这种训练方式是通过针对不同位置的球员进行个性化的力量训练，并结合运动员的个人特点进行微调，旨在最大限度地提升运动员的专项能力和竞技水平。在篮球运动中，不同位置的球员承担着不同的职责和任务，因此他们的训练需求也各不相同。例如，内线球员作为球队在攻防两端的支柱，他们需要具备强大的下盘稳定性和上肢力量。通过进行深蹲、硬拉等力量训练，可以增强他们的腿部与核心肌群的力量，从而提高在篮下的对抗能力和防守稳定性。对于后卫球员来说，他们的主要职责是掌控比赛节奏、组织进攻和防守快攻。因此，他们更需要提高下肢的爆发力和速度。通过进行短跑、冲刺、变向跑等速度训练，可以提升他们的移动速度和反应能力，使其在比赛中能更好地跟上对手的节奏并创造出进攻机会。

（二）速度素质训练

进行基础体能训练是提高速度素质的基础。运动员应通过力量训练增强下肢肌肉力量，从而为速度提升奠定坚实的基础，并应根据个体差异制订个性化的训练计划。

变向能力对篮球运动员同样重要。运动员可以通过设置障碍物进行绕杆训练以提高灵活性和敏捷性。练习时可模拟实战中的变向动作，诸如快速转身、急停和起跳等，这些训练有助于提高运动员在场上的移动效率。

为了确保速度训练的成果能有效应用到实战中，模拟比赛训练也十分关键。训练时可以通过实际比赛场景设置对抗练习，比如抢断反击、快攻结束等，这种对抗训练可以帮助运动员在面对防守压力时，还能保持高速度和稳定性。

二、灵敏与耐力素质训练

（一）灵敏素质训练

灵敏素质是指运动员对外界刺激作出迅速反应的能力，它涉及速度、敏捷性、协调性等多个方面。以下是对篮球运动员进行灵敏素质训练的几种方法：

1. 多向性跑动

在篮球比赛中，运动员们时常需要展现出色的速度和灵活性，尤其是在进攻和防守转换的过程中。为了应对比赛中的瞬息万变，运动员们需要频繁地进行短距离冲刺、急停、变向等动作。这些动作不仅考验着运动员的体能，更考验着他们的技术水平和运动智慧。为了提高运动员的多向性速度和加速能力，教练们常常会在训练中设置不同的跑动路线。这些路线旨在模拟比赛中的实际情况，让运动员在训练中就能提前适应比赛的节奏和强度。在训练过程中，教练应侧重于指导运动员在转向和变向时的技术细节。例如，运动员在急停时，应学会如何快速调整身体姿势，保持平衡，以便更好地应对接下来的动作。在变向时，运动员需要熟练掌握脚步的转换和身体的转动，以确保在改变方向的同时，能保持稳定的速度。

2. 台阶训练

使用台阶进行训练可以有效提高运动员的爆发力和脚步灵敏性。运动员可以进行上下台阶跳、单脚快速交替跳等练习，这些动作有助于加强腿部力量，提高起跳速度和灵活性。

3. 灵敏圈训练

灵敏圈是一种常用于训练运动员敏捷性和反应速度的工具。通过在不同的灵敏圈之间进行快速移动，运动员可以提高他们的步伐频率和步伐灵敏度。教练可以设计多样的移动模式，使训练更加接近比赛实际情况。

4. 抗阻训练

抗阻训练通过增加外在阻力来提高运动员的速度和力量。抗阻训练还可以增加肌肉负荷，进一步增强肌肉力量和爆发力。抗阻训练是一种被广泛采用的体能训练方式，它通过巧妙地增加外在阻力，为运动员带来速度和力量的显著提升。不仅如此，抗阻训练还能有效地增加肌肉负荷，从而进一步增强肌肉力量和爆发力，为运动员在比赛中取得优异成绩奠定基础。

5. 反应速度训练

反应速度是灵敏素质的重要组成部分。通过模拟比赛中的突发情况，如快速改变传球方向、突然起跳抢篮板等，可以培养运动员的即时反应能力。使用反应灯或音响信号来指示动作的开始，可以增加训练的随机性和趣味性，提高运动员的注意力。

6. 协调性训练

良好的身体协调性是提高运动灵敏性的基础。通过平衡木、单脚站立等练习，可以加强运动员的平衡能力。结合球的控制训练，如运球、传接球等，不仅可以提高运动员的球感，也能锻炼其身体的协调性和灵敏性。

（二）耐力素质训练

篮球运动员的耐力素质训练是提高比赛持久性和效率的关键。耐力训练可细分为有氧耐力和无氧耐力两个方面，每个方面针对的身体机能和训练方法有所不同。

1. 有氧耐力训练

有氧耐力训练是运动训练中不可或缺的一环，其主要目的在于提高运动员的心肺功能和肌肉的耐久性。通过科学、系统的有氧耐力训练，运动员能在长时间的比赛中保持较高的运动强度，从而有效地应对疲劳，发挥出更好的竞技水平。在有氧耐力训练中，长跑、游泳、自行车等有氧运动是常用的训练方法。这些运动不仅能锻炼心肺功能，提升运动员的呼吸系统和循环系统的工作效率，还能增强肌肉的耐力和力量。对于篮球运动员来说，有氧耐力训练同样具有重要意义。篮球比赛节奏快、强度高，需要运动员具备出色的耐力和力量。

2. 无氧耐力训练

无氧耐力训练主要关注肌肉群在没有足够氧气供应的条件下进行工作的能力。这种训练方式对于提升运动员在高强度运动中的表现至关重要。无氧耐力训练一般要求运动员在短时间内爆发出巨大的能量，以应对比赛中的突发情况。在篮球运动中，无氧耐力的重要性不言而喻。短距离冲刺、急停、起跳等动作，都需要运动员具备出色的无氧耐力。这些动作不仅要求运动员具备强大的爆发力，还需要他们在短时间内迅速恢复体力，以应对接下来的比赛。

三、柔韧与弹跳素质训练

（一）柔韧素质训练

1. 静态拉伸

静态拉伸作为一种常见的柔韧性训练方法，深受众多运动员和健身爱好者的青睐。静态拉伸的核心在于将特定的肌肉群逐步延伸到某个特定的位置，并在此位置保持一段时间，通常为 15～30 秒。在运动前进行静态拉伸，可以帮助篮球运动员预热肌肉，提高肌肉和关节的灵活性，改善肌肉和关节的活动范围，降低运动损伤的风险。同时，通过拉伸可以促进血液循环，为接下来的高强度运动提供充足的氧气和营养物质。

2. 动态拉伸

动态拉伸能帮助运动员更好地适应高强度运动。在篮球运动中，动态拉伸显得尤为重要。篮球运动需要运动员具备快速而灵活的移动能力，如跳跃、冲刺和变向等。这些动作要求肌肉在短时间内快速收缩和伸展，如果肌肉没有得到充分的预热和拉伸，很容易造成拉伤或其他运动损伤。因此，通过动态拉伸来预热肌肉，提高肌肉的灵活性和弹性，对于预防运动损伤和提高运动表现具有重要意义。

3. 瑜伽和普拉提

瑜伽和普拉提是提高柔韧性、核心力量和身体平衡的综合性训练方式。这些训练方法不仅强调肌肉的伸展，还注重呼吸控制，为篮球运动员提供全面的身体调整。通过定期练习，运动员的灵活性和运动效率可以得到显著提高，同时降低受伤风险。

4. 专有神经肌肉促进拉伸

专有神经肌肉促进（PNF）拉伸是一种高级拉伸技巧，通过结合拉伸和收缩来提高柔韧性。这种方法通常需要伙伴的协助，通过对特定肌肉群施加抵抗来促进其放松。PNF 拉伸对于改善运动范围和柔韧性十分有效，但需要在专业人士的指导下进行，以确保安全和效果。

5. 泡沫轴滚动

泡沫轴滚动是一种自我按摩技术，可以用于增加肌肉的血流量提高肌肉的灵活性。通过在泡沫轴上滚动，篮球运动员可以缓解肌肉紧张和疼痛，特别是在大量训练或比赛后。重点区域包括腿部、背部和臀部，这些区域在篮球运动中尤为重要。

（二）弹跳素质训练

1. 负重训练

在弹跳训练中，负重训练是提高肌肉力量和爆发力的重要手段。通过使用杠铃和哑铃等器械进行深蹲、硬拉、推举等练习，可以有效增加下肢的力量，从而提升弹跳高度。负重量不宜过重，以防损伤和过度疲劳。

2. 多次重复跳跃训练

多次重复跳跃训练可以增强腿部肌肉的耐力和爆发力，特别是进行连续的立定跳远、箱子跳和跳绳等。这些练习不仅能提高弹跳能力，还能提升肌肉的快速反应能力。

3. 弹力带训练

弹力带可以为弹跳训练增加阻力，增加运动员在执行跳跃动作的难度，从而提升肌肉力量。将弹力带固定在一个稳定的点上，并将其另一端固定在腰部或踝部，执行跳跃练习，可以增强肌肉的力量和协调性。

4. 技巧训练

除了基础的力量和爆发力训练，技巧训练也是提高弹跳能力的关键。篮球运动员应该练习正确的起跳和落地技巧，良好的技巧可以使运动员更有效地使用力量，从而达到更好的弹跳效果。

5. 弹跳组合训练

在单一练习之外，结合不同类型的弹跳练习，设计成组合训练，可以更全面地提高弹跳素质。例如，可以将深蹲与立定跳远结合，或者将跳绳与箱子跳结合，以此类推。这种多样性组合不仅可以提高训练的趣味性，也可以确保各方面弹跳素质得到均衡发展。

第二节　篮球运动员技战术训练

一、篮球运动员技术训练

（一）篮球移动技术训练

篮球运动作为一种竞技性极强的体育项目，对运动员的身体素质和技术水平都有着极高的要求。其中，移动技术训练是篮球训练中不可或缺的一环，它涵盖了诸如快速启动和停止、变向运动、后撤步以及开步走等多种技术动作。这些技术的熟练运用，不仅能帮助运动员在比赛中快速适应各种复杂的场上情况，还能提升运动员的竞技表现水平，使其在激烈的对抗中占据优势。

（二）篮球传接球技术训练

1. 传球技术训练

传球技术训练的方法多种多样，大致可以分为以下几个方面：

（1）基础传球训练

基础传球训练无疑是培养一名优秀球员传球技巧的基石，对于球员的篮球技能发展至关重要。这项训练从最基本的两手胸前传球开始，逐步深化和扩展，使球员能应对比赛中的各种复杂情况。在基础传球训练中，教练首先会强调正确的站姿和准备姿势。球员需要两脚打开与肩同宽，膝盖略微弯曲，以保持身体平衡和稳定；双手持球位于胸前，手指自然分开，掌心朝上，确保能牢固地控制球；同时，双眼要注视目标，即传球的方向和接收者的位置，这有助于提高传球的准确性。在传球过程中，球员需要运用双手的手掌和手指推动球。这个动作需要协调一致，以确保传球的力量和速度适中。同时，身体需要稍微前倾，以增加传球的力度和准确性。这种姿势和动作的组合能使球员在传球时更加流畅和自如。

（2）传球决策训练

传球不仅是技巧的展现，更是球员决策能力的体现。因此，传球决策训练成为提高传球技术的一个重要环节。在训练中，教练会通过实战模拟、视频分析等方式，教会球员如何在瞬息万变的比赛中作出正确的传球决策。包括学会如何根据队友的位置、对方防守球员的布局以及比赛节奏来选择最合适的传球方式和时机。

（3）组织团队传球训练

篮球是一项团队运动，因此，组织团队传球训练对于提高球队的整体配合和进攻效率至关重要。在训练中，教练会设计一系列团队配合练习，比如快攻演练、挡拆合作、转移球等战术演练，以此来增强球员们在实战中的传球意识和团队协作能力。

（4）使用科技辅助传球训练

随着科技的发展，在许多篮球训练中也开始融入高科技产品和方法，以提高训练效率和效果。比如，使用智能篮球分析系统来记录和分析球员在训练中的传球速度、传球准确率等数据，从而为教练和球员提供更为精准的反馈信息，帮助他们更好地了解自身的训练成果和需要改进的地方。

2. 接球技术训练

（1）基础站立接球

运动员必须站在定点，双脚开立与肩同宽，膝盖微曲，身体重心稍微下移，教练或另一运动员传球，进行正面接球和侧面接球的基础练习。此阶段，要注重运动员双手的协调性以及眼睛与手的配合。

（2）动态接球技术

动态接球技术包括在移动中接球和快速变向后接球。运动员在半场内以不同的速度和方向移动，教练或队友从不同的角度传球，运动员需要在移动中接住球。这种训练有助于提高运动员在比赛中实际操作的能力和反应速度。

（3）跳跃接球训练

跳跃接球训练主要是指在跳跃到最高点时接球，这种接球方式常用于篮板球和空中接力。运动员在跳跃时要保持身体平衡，双手要在身体正前方或头顶上方准备好接球。在跳跃的同时，教练或队友将球投掷到适合的位置，要求运动员在空中完成接球动作。

（4）抗干扰接球训练

在实际比赛中，运动员在接球时往往会受到对方防守球员的干扰。因此，在训练中加入防守干扰是非常必要的。可以通过增加模拟防守的队友，使其在接球运动员的视线中或身体旁边模拟防守动作，从而提高运动员在压力下接球的能力。

（5）专项传接球配合训练

篮球是一项团队运动，传球与接球的配合反映了球队的默契程度。在训练中往往会模拟实战的各种传球路线和接球时机，通过重复练习，以达到传接自如，配合默契的效果。

（6）注意力集中训练

接球不仅是身体上的动作，也是一种心理反应的表现。运动员需要通过各种方法提高自己的注意力集中程度，比如通过模拟比赛噪声的环境进行接球训练，或者在接球的同时完成其他任务，如数数、回答问题等。

（三）篮球投篮技术训练

投篮技术训练在篮球比赛中具有举足轻重的地位，它不仅是提升运动员得分能力的关键环节，更是决定比赛胜负的重要因素。然而，要想实现有效的投篮训练，并非一蹴而就，它需要运动员具备扎实的身体条件和技术基础，同时需要制订系统的、科学的训练方法和计划。

1. 基础姿势训练

投篮的准确度无疑是篮球比赛中至关重要的一环，它决定了球员在进攻端的表现和得分能力。然而，投篮的准确度并非一蹴而就，需要长时间的训练和实践来逐渐提升。其中，投篮时的身体姿势更是影响投篮准确度的关键因素之一。在训练开始时，教练要确保运动员掌握正确的投篮姿势。

2. 力量和耐力训练

投篮过程中，力量和耐力是影响投篮距离和稳定性的重要因素。通过进行针对性的力量训练，如哑铃举重、引体向上等，可以增强上肢、肩膀和背部的力量，增强投篮时的稳定性和力量。

3. 技术动作细节训练

在掌握了基础姿势后，进一步细化投篮动作的每一个环节，包括控球、停球、起跳、投篮和落地等。运动员需要在教练的指导下，通过视频回放、慢动作分析等手段，不断优化每个阶段的动作细节，提高投篮的流畅性和自然性。

4. 情境模拟训练

在真实比赛中，运动员面临的是不断变化的防守压力和复杂的比赛情境。通过设置不同的防守干扰、比赛计时、分数落后等情境，模拟真实比赛环境，让运动员在模拟比赛的训练中，提高应对不同比赛情境的适应能力和临场反应能力。

5. 数据分析和个性化训练

利用数据分析工具，记录和分析运动员的投篮数据，如投篮角度、力量、成功率等，根据数据反馈调整训练计划。针对运动员的个人特点，制订个性化的训练方案，如针对力量不足的运动员加强力量训练，针对动作不够流畅的运动员加强动作细节训练等。

（四）篮球运球技术训练

1. 基础运球训练

基础运球技术训练是篮球运动员技术训练中不可或缺的重要一环，它从最简单的站立运球开始，逐步深化到各种复杂的运球技巧。这项训练的核心在于培养运动员对篮球的深刻理解和出色的控制能力，同时强化手眼协调，为日后的比赛打下坚实的基础。

2. 变向运球训练

变向运球技术是篮球运动中一种非常重要的技巧，它能够帮助球员在比赛中有效地摆脱防守，创造出进攻的机会。这种技术涵盖了多种运球方式，每一种都有其独特的运用场景和优势。

3. 快速突破训练

快速突破训练无疑是提升运动员运球速度和爆发力的关键所在。对于运动员而言，掌握高效且敏捷的运球技巧，不仅能在比赛中迅速突破对手的防线，更能在关键时刻扭转战局，实现逆转胜利。快速突破训练的核心在于通过一系列针对性的练习，强化运动员的腿部力量，提升运球时的速度与稳定性。

4. 控球保护训练

控球保护技术训练强调如何在对方紧逼下保持球权。运动员需要学会使用身体作为屏障，来保护球不被抢断。在训练中，可以模拟对方的防守压力，让运动员在保持运球状态的同时，寻找传球线路或者创造投篮机会。

5. 应用实战训练

将所有的技术运用到实战中是检验训练成果的最佳方式。运动员可以通过对抗赛、模拟比赛和具体战术演练来提升自己的运球技术。在实战中，运动员需要不断观察场上形势，学会在不同的比赛节奏中调整自己的运球节奏和技巧，确保每次运球都能为球队创造有利的进攻机会。

二、篮球运动员战术训练

（一）篮球防守战术训练

1. 个人防守技巧训练

在个人防守技巧训练中，注重脚步移动无疑是最为关键的一环。运动员需要花费大量的时间和精力去学习和练习如何快速而有效地移动双脚，以应对赛场上瞬息万变的形势。这不仅关乎运动员的体能和反应速度，更体现了其防守技巧和策略的运用水平。除了脚步移动，手臂的位置也是防守中不可忽视的一环。正确的手臂位置不仅可以干扰对手的视线和传球路径，还可以在一定程度上限制对手的进攻空间。

2. 团队防守协作训练

篮球运动的魅力不仅在于球员们精彩的得分表现，更在于团队间默契无间的防守协作。在篮球比赛中，防守并非单个球员的孤军奋战，而是整个团队共同协作的结果。因此，团队防守协作无疑是取得防守成功的核心要素。团队防守协作训练内容通常包括团队防守站位与轮转、防守沟通和协作，以及具体战术演练。教练会强调基本的防守站位，确保每位球员都能正确地定位，以阻止对手的进攻。接着，训练重点放在防守轮转上，球员必须快速反应并适时进行位置交换，以覆盖空档。防守时的沟通极为重要，球员要及时喊出防守策略和对手动向，保证信息传递无误。通过模拟比赛场景，练习各种防守战术如夹击、换防和区域联防，使队员在实战中能够高效配合，共同抵御对手的进攻。

3. 对抗练习

对抗练习在篮球训练中占据着举足轻重的地位，它是提升运动员防守技能的关键手段。在篮球比赛中，防守不仅是对抗对手进攻的重要一环，更是决定比赛胜负的关键因素之一。因此，通过模拟真实比赛的对抗情境、对抗练习为运动员提供了一个宝贵的学习和锻炼机会。练习中可以采用一对一、二对二、三对三、四对四或五对五的对抗形式，重点训练防守时的站位、协防和篮板争抢等技能。

4. 防守意识与决策训练

优秀的防守不仅需要良好的身体能力和技巧，还需要良好的防守意识和决策能力。通过观看和分析比赛录像，运动员可以学习如何识别对手的战术意图，预测并判断最可能的进攻路线，以及在何时进行防守转换或协助队友。防守意识要求球员时刻保持警觉，注意对手的动向和队友的位置，做到及时协防和补防。决策训练通过模拟比赛情景，锻炼球员在高压环境下的判断力和反应速度。例如，球员必须在瞬息万变的局面中决定是否进行抢断、封盖或是保持防守位置。具体的训练方法包括快速轮转防守练习、一对一防守对抗以及团队防守战术模拟。

5. 特殊情况防守训练

篮球比赛中经常会遇到一些特殊情况，比如快攻防守、底线发球防守、两分差最后时刻防守等。针对这些情况进行专项训练，可以帮助运动员在关键时刻作出正确的防守选择。特殊情况防守训练通常包括对全场紧逼防守的模拟演练，以提高球员在高压下的反应速度和默契度。此外，针对对方关键球员的重点盯防训练，也是必不可少的内容，通过多种策略如夹击与换防来限制对方得分。训练中还会模拟最后几秒钟的关键防守场景，培养球员在高压下保持冷静和作出正确判断的能力。

6. 防守体系的灵活运用和调整

篮球防守战术训练不局限于固定的战术体系，还需要根据比赛对手的特点和比赛的实际情况进行灵活调整。运动员需要了解并掌握不同的防守策略，比如人盯人防守、区域防守、混合防守，以及它们的变种和运用时机。有效的防守体系通常包括人盯人防守和区域联防。为了在实战中灵活应用，球员需要掌握防守转换技巧，通过不断训练提高对不同防守策略的理解和适应能力。训练内容主要包括快速横移、抢断时机的把握、协防与补防的配合，以及防守轮转换位等。此外，教练会设计模拟比赛的情景训练，让球员在变化多端的比赛中学会迅速调整防守策略，从而提高整体防守效率和团队协作水平。

（二）篮球进攻战术训练

1. 分解训练法

分解训练法广泛应用于体育竞技领域，尤其是在进攻战术的训练中发挥着至关重要的作用。在分解训练法的实施过程中，教练会根据运动员的实际情况和需要，将整体战术拆分成若干个相对独立的部分。通过逐步练习，运动员能逐步掌握各个细节，并在训练中逐渐提升技术水平。

2. 战术演练

战术演练是通过一遍又一遍地重复练习，让运动员熟练掌握进攻战术的流程和配合点。在战术演练中，教练要不断调整战术细节，确保每个运动员都能理解自己的角色和任务。演练时，教练应该从整体上把握战术执行的流畅性和准确性。

3. 视频分析

为了深入剖析进攻战术的优劣，以及运动员在比赛或训练中可能存在的问题，利用视频回放进行战术分析已成为一种被广泛采用的方法。视频回放为运动员提供了一个客观的、全面的视角，让他们能仔细回顾自己在比赛或训练中的每一个细节。通过观看视频，运动员可以清晰地看到自己在进攻过程中的动作是否流畅、节奏是否把控得当、配合是否默契等。同时，他们可以观察到对手的反应和防守策略，从而更好地理解对手的战术意图，为未来的比赛制定更为有效的应对策略。

4. 位置特定训练

位置特定训练是一种针对不同位置的运动员进行的专项战术训练方法，旨在帮助运动员根据自己的位置和特点提高进攻效率。这种训练方式在篮球运动项目中尤为重要，因为不同位置的运动员在比赛中承担着不同的角色和职责。

5. 时限训练

在有限的时间内完成进攻战术的训练，可以提高运动员在压力下的执行能力。教练可以设置 15～24 秒的进攻时间，要求球员在规定时间内完成进攻，这与比赛中的 24 秒进攻规则相符，能增强训练的实战性。

6. 组合训练

组合训练是将多个进攻战术组合起来训练，以提高运动员的战术应用能力和创造力。在组合训练中，运动员需要根据场上情况迅速判断，选择最合适的进攻战术。例如，运动员可以在挡拆后，根据防守者的反应选择是继续突破、分球或是直接投篮。

7. 情境模拟训练

情境模拟训练是将比赛中可能出现的特定情境进行模拟，如临终场前落后一分的进攻战术训练。这种训练有助于提高运动员在紧张情境下的应变能力。

8. 战术灵活应用训练

在掌握了基本进攻战术之后，还需要培养运动员根据比赛的具体情况灵活应用战术。教练需要在不同时间、分数和防守情况下不断变换战术，以培养运动员的临场判断力和战术适应性。

第三节 篮球运动员医务卫生教学

一、篮球运动性损伤的应对

（一）篮球运动性损伤的预防

1. 运动前的热身

在篮球教学中，教师应着重强调热身活动的重要性，确保学生在进行高强度的运动前得到充分的准备。热身活动不仅可以提高肌肉的温度和弹性，使肌肉更易于伸展，从而降低受伤的风险，还可以帮助学生逐渐进入运动状态，提升运动表现水平。

2. 正确的技术动作

在篮球教学中，教授正确的运动技术尤为关键，因为错误的动作技术往往是运动损伤的一个重要诱因。正确的运动技术是篮球运动的基石。从基础的运球、投篮到复杂的过人、防守技巧，每一项技术都会对球员的运动表现和身体健康产生着深远影响。篮球教师需要细心地指导学生，确保他们掌握每一个动作的要领和技巧，避免在练习过程中因为技术不规范而导致身体受伤。

3. 装备的使用

合适的运动装备不仅可以提升运动员的能力，还可以显著降低运动中的损伤风险，从而让运动员更好地投入到训练和比赛中。篮球鞋是篮球运动员最重要的装备之一。一双合适的篮球鞋不仅能为运动员提供足够的缓冲，减少运动过程中对关节的冲击，还能提供良好的稳定性，防止因脚部不稳而导致的意外损伤。在选择篮球鞋时，运动员需要关注鞋底的材质和设计，确保它们能提供足够的支撑和摩擦力，防止在快速移动和转身时滑倒或扭伤。

（二）篮球运动性损伤的治疗

1. 强调即刻处理的重要性

采用“RICE”原则（Rest、Ice、Compression、Elevation，休息、冰敷、压迫、抬高）作为初始响应是通用的治疗方法。休息可以防止损伤加重，冰敷则是在最初 48 小时内应用于减少肿胀和疼痛。压迫包扎可限制肿胀和出血，而抬高伤肢则有助于减少血液和体液在受损区域的积聚。

2. 软组织挫伤的治疗

对于软组织损伤，如挫伤、拉伤和肌肉撕裂，除了“RICE”原则，教师应讲解物理治疗的重要性。物理治疗方案可能包括超声波治疗、电刺激以及热疗，这些方法能促进血液循环，加快恢复过程。一旦能进行无痛活动，渐进的拉伸和加强练习对于保持肌肉弹性和力量至关重要。

3. 关节损伤的治疗

对于关节损伤，如扭伤和脱臼，治疗通常要较软组织损伤更为谨慎。在扭伤治疗中，应该重点讲述如何通过正确的包扎和穿戴合适的支撑装置来保护和稳定伤处。关节脱臼的治疗则必须由医疗专业人员立即进行复位，并严格遵循医嘱进行后续的康复和稳定训练。

4. 骨折的治疗

骨折通常需要急诊处理，之后可能需要外科干预。篮球教练应让运动员了解不同类型的骨折（如压缩骨折、横行骨折、斜行骨折等）和可能需要的治疗选项，如石膏固定、手术置钉或钢板固定。应强调在骨折愈合期间，保持邻近关节的活动性对于维持功能和减少肌肉萎缩的重要性。

5. 腱伤的治疗

对于腱伤，如跟腱炎或腱断裂，治疗通常包括物理治疗、药物治疗和可能的外科干预。篮球教练应讲解如何通过适当的物理治疗和缓解活动来减少炎症，并在必要时如何通过手术来修复断裂的腱。

二、篮球运动性疾病的应对

（一）篮球运动性疾病的预防

1. 掌握篮球运动生理学基础

应详细解释人体在进行篮球运动时的生理反应与变化，如心率的增加、肌肉负荷、关节活动范围的扩大及能量代谢的提高。这些生理学基础将帮助运动员了解何种状态下容易发生疾病，进而采取相应的预防措施。

2. 详细讲解篮球运动中常见的运动性疾病

教师要详细介绍肌肉拉伤、肌腱炎、心脏问题等常见的运动性疾病，并指出其发生的原因和预防的方法。例如，肌肉拉伤通常因为没有进行充分的热身或超负荷训练引起，因此预防措施包括适当的热身活动、强化肌肉训练和适度休息。

3. 强调个性化训练计划的重要性

由于每个人的体质和运动能力不同，所以应当制订个性化的训练计划。通过科学的训练强度、频率和时长，结合运动员的身体状况和运动经验，可以有效预防运动性疾病的发生。

4. 讲解营养和饮食在预防运动性疾病中的作用

合理的饮食结构，充足的水分补充以及必要的营养素摄入对于维持运动员的身体状态、增强体能和预防疾病具有重要作用。应强调膳食平衡的概念，以及在训练和比赛前后合理安排饮食的必要性。在教授的过程中，将理论与实际相结合，通过以往运动员在篮球运动中出现运动性疾病的例子，分析其原因，并讨论如何预防，能帮助运动员更直观、深刻地理解预防运动性疾病的重要性及方法。通过这样全面、细致的讲解，篮球教练可以有效地帮助运动员建立起预防篮球运动性疾病的意识。

（二）篮球运动性疾病的治疗

运动性疾病，特别是在高强度、对抗性强的运动中是十分常见的，包括但不限于肌肉拉伤、腱炎、韧带损伤等，治疗方法包括非手术治疗和手术治疗两大类。

1. 非手术治疗

非手术治疗是大多数运动性疾病的首选治疗方式。它包括物理治疗、药物治疗和康复训练。

（1）物理治疗

物理治疗是运动性疾病治疗中非常关键的一环，可以有效减轻疼痛、促进受损部位的血液循环、加速恢复。常用的物理治疗方法有冷敷和热敷。冷敷主要用于伤后初期，可减少组织的血液流量，减轻肿胀和疼痛；热敷则适用于伤后48小时，有助于放松肌肉、减少疼痛和提高柔韧性。

（2）药物治疗

药物治疗主要用于控制疼痛和减轻炎症，常用的药物包括非甾体抗炎药（NSAIDs）、肌肉松弛剂等。药物治疗应在医生指导下进行，避免滥用及带来潜在的副作用。

（3）康复训练

康复训练是篮球运动性疾病治疗中极其重要的一环，旨在恢复受损部位的功能，增强肌肉力量，提高柔韧性和协调性，预防再次受伤。康复训练一般包括拉伸运动、力量训练和平衡训练等，应根据运动员的具体情况制订个性化的康复计划。

2. 手术治疗

当非手术治疗无法有效缓解运动性疾病时，手术治疗可能成为必要。手术治疗主要用于那些严重的韧带撕裂或是其他软组织损伤，这些情况通过非手术治疗往往难以恢复到运动前的状态。

手术治疗的目的是恢复受损结构的解剖功能，促进运动功能的恢复。在作出手术决定之前，应充分评估运动员的具体情况，包括伤病的性质、程度和运动员的年龄、职业需求等因素。手术后，紧随其后的康复训练对于恢复至关重要，这个阶段同样需要物理治疗、适当的药物治疗支持和个性化的康复计划。

三、篮球运动的卫生清洁

（一）个人卫生教育

篮球教练应教育运动员了解基本的个人卫生习惯的重要性，包括但不限于勤洗手、使用洗手液、保持身体清洁、及时更换运动后的衣物以及使用个人毛巾和水瓶等。这些习惯可以有效减少细菌和病毒的传播，降低感染的风险。

1. 勤洗手

运动员应在训练前后、比赛前后、使用公共设施或器材前后以及进食之前彻底洗手，可以有效防止细菌和病毒的传播。

2. 保持运动装备清洁

包括球衣、短裤、袜子、护膝等，应在每次使用后都进行清洗，防止细菌滋生和异味产生。运动鞋也应定期清洁和晾晒，保持干燥。

3. 不共享个人物品

应避免与他人共享毛巾、水瓶、护具等个人物品，以减少交叉感染的风险。

4. 保护皮肤

篮球运动易造成皮肤擦伤，应及时清洁并进行适当处理，避免伤口感染。使用清洁的护具可以在一定程度上减少皮肤直接接触公共设施或地面的机会。

5. 及时更换湿衣

运动后应尽快脱下汗湿的衣物，更换干净、干燥的衣服，以防因汗液滋生细菌而引起皮肤问题。

（二）运动器材的清洁与消毒

1 清洁与消毒原则

清洁前消毒：首先用清洁剂清洁器材表面，去除污垢和有害物质，然后进行消毒。

选择合适的消毒剂：使用对人体和器材材质安全的消毒剂，如 70% 酒精溶液。

定期消毒：根据使用频率定期进行消毒，尤其是在流感季节。

关注共用区域：更衣室、休息区等共用区域也应定期进行深度清洁和消毒。

2. 具体操作要点

篮球：篮球使用后应用含 70% 酒精的湿布擦拭干净，或使用适合的消毒喷雾。

篮球架及其他硬质表面：可使用含氯消毒剂擦拭清洁。

训练用具：根据材质选择合适的清洁方式，大部分可用酒精擦拭。

服装和鞋子：比赛后应清洗并彻底晾干，鞋子可用湿布擦拭，定期进行深度清洁。

健身器材：接触频繁的部分如哑铃、杠铃等，使用后应立即用消毒湿巾擦拭。

（三）更衣室和公共区域的卫生

更衣室是细菌和霉菌滋生的高风险区域，尤其是淋浴区和储物柜。教练必须确保这些区域定期清洁和通风，同时指导运动员使用防菌洗浴产品和保持个人物品干燥，避免共用个人用品。

1. 定期清理

每天应至少进行一次彻底清洁，包括扫地、擦拭柜子、清洗淋浴间和厕所。对公共区域，更衣柜和储物柜，应确保定期消毒。地面应使用具有消毒功能的清洁剂进行擦洗。

2. 消毒措施

提供足够的消毒液，鼓励运动员在使用健身器材前后对手进行消毒。定期对门把手、开关、水龙头等多人接触的表面进行消毒。

3. 通风

确保更衣室和公共区域有良好的通风，空气流通可以大幅度减少细菌和病毒的滋生。可以使用空气净化器以提高空气质量。

第四节　篮球运动员营养保健教学

一、篮球运动员的营养补充

（一）能量供给的重要性

篮球运动是一项中高强度的间歇性运动，它要求运动员在训练或比赛过程中展现出极高的体能和耐力。在训练或比赛过程中，运动员的能量消耗极大，因此确保充足的能量供给是至关重要的。为了维持运动员的竞技状态，我们必须重视运动员的饮食安排，特别是碳水化合物的摄入。碳水化合物是运动员体内主要的能量来源，它们能迅速转化为能量，供运动员在激烈的运动中消耗。因此，运动员在饮食安排中，应确保碳水化合物的摄入量占总能量摄入的55%～65%。这不仅能满足运动员在训练和比赛中的能量需求，还能帮助运动员保持稳定的血糖水平，避免低血糖带来的不良影响。

（二）蛋白质的修复作用

蛋白质作为生命体的重要组成部分，在维持生命活动和促进健康方面发挥着举足轻重的作用。在运动员的日常训练中，特别是在进行高强度、高负荷篮球运动时，蛋白质对于肌肉的修复和增长更是至关重要。

（三）水分和电解质平衡

保持良好的水分和电解质平衡是每名篮球运动员都需要高度重视的课题，尤其是在高强度的训练或激烈的比赛中。因为篮球运动员在场上进行快速移动、跳跃和冲刺等高强度动作时，会通过汗液大量失水。这种水分流失不仅会导致体液总量减少，还会使运动员体内的电解质流失。电解质在人体中发挥着至关重要的作用。它们有助于维持神经和肌肉的正常功能，调节心脏跳动，以及维持体内酸碱平衡。因此，当篮球运动员在训练或比赛中大量出汗时，如果不及时补充水分和电解质，就可能出现疲劳、肌肉抽筋、头晕目眩等不适症状，甚至可能引发严重的热伤害。

（四）抗氧化剂和其他营养素

在运动员的日常训练中，高强度的锻炼无疑会显著提升他们的体能和技能水平，但长时间的高强度训练也带来了一系列的生理挑战。其中之一便是运动员体内自由基的显著增加。自由基是一种高度活跃的分子，它们在体内过量产生时，会攻击细胞膜、蛋白质和DNA，导致细胞损伤和肌肉疲劳，从而影响运动员的体能恢复和训练效果。抗氧化剂能有效地中和自由基，减少其对细胞的损害，从而帮助运动员缓解训练带来的压力。其中，维生素C、维生素E、β－胡萝卜素以及微量元素硒等抗氧化剂尤为关键。它们不仅具有强大的抗氧化功能，还能提升运动员的免疫力，促进身体恢复。

（五）时间性营养策略

营养的时间性，特别是在训练或比赛前后的营养策略，对于运动表现和恢复有显著影响。教练应教授运动员掌握时间性营养的概念，例如，训练前的饮食应重在提供足够的能量和液体，避免油腻和高纤维的食物以减少胃肠不适；训练或比赛后，则应重点补充碳水化合物以恢复肌糖原，补充蛋白质以促进肌肉修复，以及及时补水。

二、篮球运动性疲劳的消除

（一）疲劳成因的分析

在篮球运动中，运动员感到疲劳是一个普遍存在的问题，其产生原因多种多样，涉及体能消耗、心理压力、营养不良以及睡眠不足等多个方面。这些因素相互作用，共同导致运动员在训练和比赛中感到疲惫不堪。体能消耗是引发篮球运动员疲劳的主要因素之一。篮球运动要求运动员在场上长时间地奔跑、跳跃和争抢，这需要消耗大量的体能。长时间的高强度训练和比赛会使运动员的肌肉中的糖原储备迅速耗尽，导致肌肉力量下降，疲劳感增加。心理压力也是导致篮球运动员疲劳的重要因素。在比赛过程中，运动员需要面对来自对手、观众和自身的各种压力。这些压力不仅会影响运动员的发挥，还会消耗他们的精神能量，使他们在比赛后感到更加疲惫。

（二）疲劳类型的识别

疲劳大致可分为肌肉疲劳和中枢疲劳。肌肉疲劳主要是由于肌肉长时间运动引起的肌肉功能下降，而中枢疲劳则与神经系统的激活程度下降有关。不同类型的疲劳需要采取不同的恢复策略，了解这一点对于教练来说至关重要。

（三）疲劳的消除策略

在疲劳消除方法和策略方面，有多种有效的方法可以使用，包括适当的休息和恢复、营养补给、心理干预以及恢复训练等。适当的休息是消除疲劳的首要方法，包括充足的睡眠和适当的训练间歇。营养补给则注重补充运动消耗的能量和营养素，特别是对肌肉糖原的及时补充。心理干预，如放松训练、正念冥想等，可有效减少心理压力，缓解中枢疲劳。恢复训练，如轻度的有氧运动、拉伸和按摩，可以帮助加速废物的清除和肌肉的恢复。

（四）预防疲劳的措施

疲劳预防包括合理安排训练计划、确保充足和优质的睡眠、提供均衡的饮食和营养补充，以及建立科学的比赛和训练前热身程序。通过这些措施，可以有效减少疲劳的产生，提高运动员的训练和比赛表现。

第五章　篮球运动中的心理教育

本章主要围绕篮球运动中的心理教育问题进行分析研究，主要从以下三个方面展开论述：篮球运动心理学、篮球运动员基本心理教育、篮球运动过程中的心理素质训练。

第一节　篮球运动心理学

一、篮球运动心理学概述

（一）篮球运动心理学的定义

篮球运动心理学，作为应用心理学的一个重要分支，其研究范围涵盖了篮球运动中个体与团队的心理特征、心理过程以及心理状态等多个层面。通过对篮球运动员的心理状况进行深入分析，篮球运动心理学旨在运用心理学的原理和技术手段，提升运动员的竞技表现，促进球队的和谐氛围，并优化篮球运动的教学和训练方法。在篮球运动心理学的研究中，我们不难发现，个体的心理特征对于运动员的表现具有至关重要的影响。例如，自信、毅力、专注力等，能帮助运动员在比赛中保持稳定的心态，从而发挥出更高的竞技水平。

（二）篮球运动心理学的作用

随着篮球竞技水平的提高，仅依靠身体素质和技术训练已经难以满足提升运动员竞技状态的需求，心理素质的培养和心理技能的训练变得尤为重要。

1. 帮助运动员建立正确的竞技观念

篮球比赛作为一项高强度竞技性的体育运动，总是充满了无数的变数与挑战。运动员在场上不仅需要拥有出色的身体条件和技术水平，更需要在心理层面具备足够的抗压能力和竞技心态。在这个过程中，心理学的训练显得尤为关键，它能帮助运动员建立积极的竞技态度，从而在比赛中发挥出最佳水平。

2. 提升运动员应对焦虑和压力的能力

在高强度和高压力的比赛环境中，运动员可能会出现紧张、焦虑等负面情绪，这些情绪会对他们的表现产生不利影响。通过运用心理调节技巧，如放松训练、情绪控制和正念等，运动员能有效管理比赛中的负面情绪和压力，提高比赛表现。

二、篮球运动心理学主要理论内容

（一）目标设定理论

在篮球训练中，目标设定无疑占据着举足轻重的地位。一个清晰、明确的目标，无论是短期目标还是长期目标，都能为运动员提供明确的方向，帮助他们集中精力，提高训练效率，从而在比赛中表现更加出色。

（二）动机理论

动机是指驱动个体行为的内在力量。在篮球运动中，动机可以分为内在动机和外在动机。内在动机指的是由于对篮球运动本身的兴趣和享受而参与运动，例如对比赛的热爱、对技能的追求等。外在动机则包括奖牌、名誉等外部奖励所驱动的行为。

1. 成就目标理论

成就目标理论认为，个体在面对成就任务时，其目标可以分为掌握目标（也称为任务目标）和表现目标。掌握目标的运动员专注于提高自身能力和掌握新技能，而表现目标的运动员则更注重与他人的比较和最终结果。在篮球运动中，掌握目标的运动员通常表现出更强的内在动机和更高的长期参与度，而表现目标的运动员则可能在面对失败时表现出较高的焦虑和低落情绪。

2. 自我决定理论

自我决定理论集中于个体行为的自主性，认为动机的质量比动机的强度更为重要。根据该理论，动机可以从完全无动机（amotivation）到完全自主的内在动机（intrinsic motivation）之间的连续体上变化。篮球运动员如果能够在自主性、胜任感和归属感三个基本心理需求得到满足的情况下，他们的运动动机会更强，表现也会更加突出。

（三）心理韧性理论

心理韧性是个体在面对压力和挑战时，能够迅速恢复并适应的能力。在篮球运动中，心理韧性可以帮助运动员在比赛中保持冷静，迅速从失误中恢复，并在高压环境中持续发挥高水平的表现。

1. 心理韧性的构成要素

心理韧性包含多个维度，如自信心、控制感、承诺感和挑战性。在篮球比赛中，自信心可以帮助运动员在关键时刻作出果断的决策；控制感让运动员认为自己可以掌控比赛的局势；承诺感则是运动员对训练和比赛的高度投入和专注；挑战性指的是运动员愿意迎接和适应各种挑战。

2. 心理韧性的培养

心理韧性是可以通过训练和实践来增强的。方法包括设置具有挑战性的训练任务、通过正向反馈增强自信、模拟比赛场景进行心理应激训练以及通过团队活动增强归属感和支持系统。在篮球训练中，教练可以通过这些方法帮助运动员发展和强化心理韧性。

（四）情绪调控理论

情绪调控是指个体对其情绪体验和表达进行管理的过程。在篮球运动中，情绪调控能力的强弱直接影响运动员的表现。例如，过度的焦虑和压力可能导致运动员在比赛中出现失误，而适当的情绪调控则可以维持运动员的最佳竞技状态。

1. 情绪调控策略

在篮球运动中，常用的情绪调控策略包括认知重评、情绪表达、放松训练和心理干预。认知重评是指通过改变对情境的认知来调节情绪；情绪表达则指通过身体动作或语言表达释放情绪；放松训练如深呼吸、渐进性肌肉放松等可以帮助运动员在比赛前后进行放松；心理干预如心理咨询和心理训练可以帮助运动员更好地理解和管理自己的情绪。

2. 情绪调控对表现的影响

有效的情绪调控可以帮助篮球运动员在比赛中保持冷静和专注，减少不必要的情绪波动，从而提高比赛表现。例如，合理的情绪调控可以帮助运动员在罚球时保持镇静，避免因为紧张而影响命中率。

（五）成就动机理论

成就动机是个体为了达到某种成就目标而展现出的一种内在驱动力。在篮球运动中，成就动机可以表现在对胜利的渴望、对自我能力的认可和对他人评价的敏感上。

1. 成就动机的分类

成就动机通常分为两类：趋向成功的动机和避免失败的动机。趋向成功的运动员往往在面对挑战时表现出积极主动的态度，他们渴望通过胜利来证明自己的能力。避免失败的运动员则更倾向于规避可能的失败和负面评价，这类运动员在高压下往往会表现出较高的焦虑水平。

2. 成就动机的发展与影响

成就动机的发展受到早期家庭环境、社会文化、教育背景和个人经历等多种因素的影响。在篮球运动中，教练和家长可以通过设定合理的目标、提供积极的反馈和支持，来培养运动员的成就动机。高成就动机的运动员通常表现出更高的训练积极性和比赛投入度，从而有助于其竞技水平的提升。

（六）角色认同理论

角色认同是指个体对其在团队中所扮演角色的认可和接纳程度。在篮球运动中，每个运动员在团队中都有特定的角色，如得分手、防守专家、领袖等。运动员对自己角色的认同程度直接影响其在比赛中的表现和团队合作的效果。

1. 角色认同的影响因素

角色认同受到多个因素的影响，包括教练的指导、团队的氛围、个人的自我认知以及队友的支持。在篮球团队中，明确的角色分工和积极的团队文化有助于增强运动员的角色认同感。

2. 角色认同的作用

高水平的角色认同能够促进团队的凝聚力和协作效率。在篮球比赛中，运动员如果能够清晰理解并接受自己的角色，便能更好地发挥自己的特长，为团队作出贡献。例如，防守专家在比赛中专注于限制对手得分，得分手则专注于进攻，这样的分工协作能够提高团队的整体表现。

第二节 篮球运动员基本心理教育

一、目标设定与动机培养

（一）目标设定

具体来说，目标可以分为结果目标、过程目标和性能目标。结果目标关注比赛的最终结果，如赢得比赛或赛季内获得一定数目的胜利；过程目标则关注完成某项技术或战术的执行，例如提高罚球命中率；性能目标则是基于个人先前表现的改进，如在下一场比赛中减少失误次数。通过这样的分类，可以帮助运动员更有针对性地制订计划，并在实践中逐步提升自己的能力和技术。

（二）动机培养

动机培养无疑是促使运动员追求卓越、迎难而上的内在驱动力。尤其在篮球运动的心理教育中，激发并增强运动员的内在动机显得尤为关键。内在动机是源于个体内心的兴趣和热爱，以及享受活动本身所带来的满足感，从而自发地投入某项活动中的倾向。在篮球运动中，拥有强大内在动机的运动员，通常会表现出更加坚定的信念和更为顽强的斗志。他们会出于对篮球运动的热爱和兴趣，而不仅是为了获得比赛的胜利或避免失败所带来的惩罚而全力以赴地投入训练和比赛中。

二、压力管理

（一）了解压力的本质

了解压力的本质是管理压力的前提。对于篮球运动员而言，压力可以来源于比赛的成败、技术动作的精确性、队伍的协作以及来自教练、队友、观众和媒体的期望。压力管理的目标是使运动员能识别这些压力源，理解压力对其心理和生理状态的影响，并学会采用有效的应对策略。

（二）核心压力管理技巧

1. 时间管理和目标设定

有效的时间管理和清晰的目标设定能帮助运动员减少因任务过多或目标不明确带来的压力。通过设定短期目标和长期目标，运动员可以更专注于当前任务，减少分心，提高效率。

2. 放松技巧

包括深呼吸、渐进性肌肉放松、正念冥想等技术。这些技巧能帮助运动员在比赛前后快速恢复心理状态，降低紧张感和焦虑。

3. 认知重构

认知重构是一种重要的心理策略，它涉及改变个体对于压力事件的看法和态度。认知重构的核心在于识别和改变个体的思维模式。篮球运动员在面临竞技压力时，往往会受到各种负面思维的影响，比如过度担心失败、对自我能力的怀疑等。这些不合理的思维模式会削弱他们的自信心和斗志，影响他们在比赛中的表现。因此，通过认知行为疗法，运动员可以学会识别这些负面思维，并挑战它们。

4. 社会支持

来自教练、队友、家人和朋友的社会支持对于缓解压力至关重要。开放的沟通环境和稳定的社交网络能让运动员感到被理解和支持，从而更好地应对压力。

5. 技能训练

包括注意力控制训练、情绪调节训练等，这些训练能增强运动员在高压环境下的表现。例如，通过模拟比赛中的具体情境，运动员可以在安全的环境中练习如何控制情绪、保持专注。

6. 自我效能感提升

自我效能感是指个体对自己完成特定任务的信心。研究显示，自我效能感高的运动员更能有效地应对压力。通过成功的体验、他人的正面反馈、观察模仿以及心理状态的正面调节，可以增强运动员的自我效能感。

7. 生活方式的调整

良好的睡眠习惯、平衡的饮食、适度的身体锻炼以及有意识的休闲活动，都有助于运动员保持最佳的身心状态，从而更好地抵御压力。

三、团队协作与沟通

在团队运动中，优秀的团队协作能力和沟通技巧至关重要。心理教育教练应该指导运动员如何更有效地与队友交流，建立团队信任，并通过角色认同和责任感强化团队合作。

（一）团队协作

团队协作是指个体在团队中通过有效的沟通、协调、合作，共同完成任务的能力。在篮球比赛中，团队协作体现在多个方面，如球员间的无球跑动配合、防守换位以及进攻时的球权转移等。每名球员必须了解并认同团队的战术安排，将个人能力融入团队的整体战术中，才能发挥出最大的团队效能。只有当每名球员都能在比赛中作出正确的判断，按照战术要求执行动作，团队才能如同一个整体那样运作，达到最佳的竞技状态。

（二）团队沟通

有效的沟通能确保信息的准确传达，减少误解和冲突，增强团队成员之间的信任感和归属感。在篮球运动中，沟通不仅限于口头上的交流，还包括场上的眼神交流、手势信号等非语言沟通方式。比如，一名球员可以通过特定的手势来向队友传达自己的意图，如请求球权、示意进行挡拆或换防等。有效的场上沟通能帮助球员更快地作出决策，更好地执行战术安排，同时能增加比赛的不确定性，使对手难以捉摸。

四、情绪控制

掌握情绪控制技巧是篮球运动员的必修课。比赛中的情绪波动可能会影响运动员的表现，心理教练必须教会运动员如何识别情绪、接受情绪并转换情绪，将其转化为比赛中的正能量。

（一）篮球运动员常见情绪障碍

篮球运动员在比赛和训练中常遇到的情绪障碍包括比赛焦虑、情绪波动和压力管理不力。比赛焦虑是最常见的情绪障碍之一，它可以分为生理焦虑和心理焦虑，前者体现为心跳加速、呼吸急促等生理反应，后者则体现在担忧比赛结果和表现不佳上。情绪波动指的是运动员的情绪状态在极端积极和极端消极之间快速变化，这种不稳定情绪可能会损害运动员的长期表现。压力管理不力则通常表现为运动员在面对高压力情况时无法有效调整和应对，导致表现下降。

（二）篮球运动员情绪控制方法

为了有效地管理和控制这些情绪障碍，篮球运动员和教练员可以采用多种策略。一种常用的方法是心理训练，包括放松训练、目标设定、自我对话和可视化练习。放松训练，如深呼吸和渐进性肌肉放松，可以帮助运动员降低生理焦虑水平。目标设定有助于运动员保持专注，并将注意力集中在可控的行为上，而不是比赛的结果上。自我对话是指运动员通过积极的内在对话来调整情绪状态，而可视化练习则能帮助运动员通过在心中模拟比赛情景来准备比赛。

此外，提高自我意识也是情绪控制的关键。运动员需要学会识别和理解自己的情绪状态，这不仅包括识别情绪的早期信号，还包括理解情绪的起因。通过提高自我意识，运动员可以更有效地应用心理技能来调节情绪。

五、注意力集中训练

（一）选择性注意力训练

选择性注意力训练在运动员的训练中占据着举足轻重的地位，它不仅要求运动员具备在复杂多变的比赛环境中准确判断队友和对手位置的能力，还要求他们具备在瞬息万变的比赛中迅速作出正确决策的能力。在实践中，教练可以通过设计各种有针对性的训练任务，来锻炼运动员的选择性注意力。此外，教练可以通过在训练中增加干扰因素，来模拟真实的比赛环境，进一步提高运动员在复杂环境中保持专注和准确判断的能力。选择性注意力训练不仅有助于提高运动员在比赛中的表现力，还有助于他们在日常生活中更好地应对各种挑战。

（二）持久性注意力训练

持久性注意力训练是一种专门针对运动员注意力水平提升的训练方法。这种训练方式不仅有助于运动员在关键时刻发挥出最佳状态，更能让他们在长时间的竞技过程中保持清醒和专注，从而取得更好的成绩。为了实现持久性注意力训练的目标，通常需要运动员进行长时间、高强度的练习。在训练中，教练会模拟比赛中的各种场景，特别关注比赛最后几分钟的紧张氛围，要求运动员在模拟比赛中保持技术细节的精确度和战术执行的清晰度。这种模拟训练让运动员提前适应比赛压力，学会在紧张的情况下保持冷静和专注。

（三）分散性注意力训练

分散性注意力训练有助于运动员在紧张激烈的比赛中对场上各种变化保持警觉，进而作出及时、准确的反应。对于篮球这项团队协作性极强的运动来说，分散性注意力训练的重要性更是不言而喻。在篮球运动中，运动员不仅需要关注自己的控球、传球、投篮等动作，还要时刻关注场上队友和对手的动向，以便及时调整自己的策略。这就需要运动员具备较高的分散性注意力，能在多种信息输入中迅速筛选出重要信息，并做出相应的反应。

（四）切换性注意力训练

切换性注意力训练是培养运动员在不同任务之间迅速转换注意力的能力。篮球比赛中的情况瞬息万变，能迅速从防守转换到进攻（或反之），对于取得成功至关重要。通过模拟进攻和防守的快速转换，运动员可以提高在现实比赛中从一个角色切换到另一个角色的流畅性。

在比赛中，一个运动员的注意力可以决定其反应时间、战术执行和最终的表现。因此，注意力集中的训练是篮球运动员心理训练不可或缺的一部分。综合运用上述各种训练方法，可以系统地培养运动员在多变的比赛条件下保持专注的能力，这对于他们实现个人和团队的竞技目标至关重要。通过持续的练习和适当的心理辅导，篮球运动员可以学会如何更好地控制自己的注意力，以便在关键时刻作出正确的决策，提高比赛表现。

六、恢复与逆境管理

处理失败和挫折是职业运动员生涯中不可避免的部分。心理教育需要教授运动员如何从失败中恢复，如何将挫折视为成长和学习的机会。

篮球是一项高强度、高压力的团队运动，运动员在职业生涯中难免会遇到各种逆境，包括受伤、比赛失利、技术障碍、位置竞争、队伍磨合问题等。面对这些逆境时，运动员如何调整自己的心态，保持积极和恢复力，显得尤为重要。

逆境管理帮助运动员认识到逆境是成长和学习的机会，而不仅仅是挫折和失败。这样的心态转变有助于运动员从失败中吸取教训，调整策略，而不是沉浸在负面情绪中。运动心理学家通常会利用认知行为疗法等技术帮助运动员识别和更改那些可能导致恢复能力下降的消极思维模式。情绪调节能力对于运动员来说至关重要，尤其是在压力巨大的比赛中，学会管理情绪，能帮助运动员保持冷静，集中注意力于比赛本身。常见的情绪调节技巧包括深呼吸、正念冥想、视觉化成功等。

恢复技能训练也是篮球运动员心理教育的一部分，它旨在帮助运动员在经历心理或生理疲劳之后，能快速恢复到最佳状态。包括合理的睡眠、营养、心理放松技巧以及恢复性训练。有研究显示，合理的睡眠可以显著提高运动员的竞技表现，并减少受伤的风险。

除了这些技巧，篮球运动员的恢复与逆境管理还需要一个良好的支持体系。包括教练员、队友、家人以及朋友的支持。社会支持是提高运动员恢复力和逆境管理能力的重要资源。他们可以提供情感支持，帮助运动员处理压力，也可以提供实际帮助，比如在运动员受伤时提供关心和帮助。

篮球运动员需要培养一种持续学习和自我提升的心态。通过不断的学习和实践，运动员可以提高自己的逆境管理能力和恢复力。这不仅包括心理技能的训练，也包括对篮球技术和战术的不断完善，以及对自己身体状态的深刻理解。

第三节　篮球运动过程中的心理素质训练

一、心理活动与篮球运动表现的关系

心理活动与运动表现的关系一直是竞技运动心理学最为关注的领域之一，影响运动员在竞技能力中最重要的因素也是心理活动。

（一）唤醒与运动表现理论（倒 U 形假说）

倒 U 形假说，这个理论在心理学和运动科学领域具有举足轻重的地位，它最

早并非源自竞技运动领域，而是源于耶克斯—多德森的一系列实验。在这些实验中，研究者们通过精确控制大白鼠所受的刺激强度，深入探究了不同刺激水平对大白鼠完成各种难度任务的影响。实验结果显示，对于复杂任务的学习，大白鼠需要较弱的刺激强度才能保持最佳的专注度和学习效率。当任务相对简单时，较强的刺激反而有助于它们更快更好地完成任务。这个发现为后来的研究者们提供了宝贵的启示，使他们开始思考唤醒水平与操作表现之间的关系。若干年后，有研究者将耶克斯—多德森的实验结果引入运动科学领域，用于解释唤醒与运动表现的关系。倒 U 形假说应运而生，它认为唤醒水平对运动表现的影响呈现出一个典型的倒 U 形曲线。具体而言，当个体唤醒水平较低时，由于注意力和动机的不足，其运动表现往往不尽如人意。然而，随着唤醒水平的提高，个体的注意力逐渐集中，动机也变得更加强烈，这使他们能更好地应对运动挑战，从而取得更好的成绩。当唤醒水平达到一个临界点后，情况开始发生变化。此时，过高的唤醒水平可能导致个体出现紧张、焦虑等负面情绪，进而影响他们的运动表现。随着唤醒水平的继续升高，这种负面影响愈发严重，个体的操作表现逐渐下降，直至达到最差水平（图 5-3-1）。

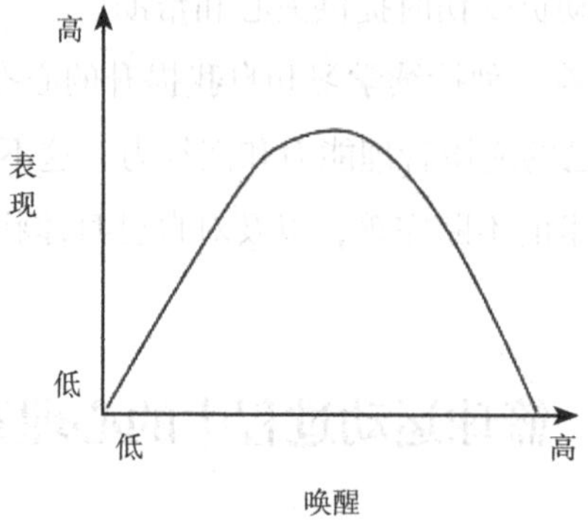

图 5-3-1　唤醒表现关系的倒 U 形曲线

倒 U 形假说提示我们，唤醒水平不宜过低，过低表明运动员缺乏让自己发挥最好的生理与心理能量，也就是我们常说的“不兴奋”；唤醒水平也不宜过高，过高的唤醒水平会导致运动员生理性激活过于强烈，生理性激活过高可能会影响运动员的注意力、肌肉紧张度以及动作控制，这些问题均与运动表现密切相关（图 5-3-2）。

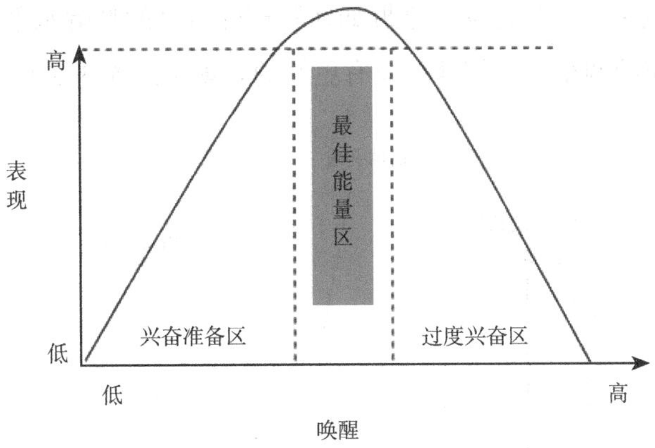

图 5-3-2　倒 U 形假说最佳能量区示意图

1. 低唤醒情景下影响运动表现的解释

有过运动经历的人都知道，在训练或比赛前需进行准备活动。其目的在于提高唤醒，包括生理与心理唤醒。生理唤醒增强心血管系统泵氧能力，冷却暂时不用的系统；心理唤醒则使运动员注意力集中、动机增强。唤醒水平过低会导致生理变化不足，影响工作状态。在篮球比赛中，运动员开场“慢热”就是唤醒水平过低的表现。

2. 高唤醒情景下影响运动表现的解释

唤醒水平过高对球员的影响主要体现在两个方面：首先，过高唤醒导致肌肉紧张不协调，影响投篮手感，投出的球无旋转；其次，过高唤醒使注意范围变窄，难以全面获取信息，如快攻时可能错过传球给队友的时机，错失得分。

唤醒水平与操作表现的关系会受到个体技能水平、任务难度等变量的调节。精细动作强调的是任务精确程度，通常需要更低的唤醒水平；粗放动作主要依靠力量、爆发力等，通常需要更高的唤醒程度。例如，一个短跑运动员比射击运动员需要更高的唤醒水平。再如，在篮球比赛中，运动员在完成扣篮与完成罚篮时对唤醒水平的要求不同。完成扣篮需要较高的唤醒水平，完成罚篮则需要较低的唤醒水平。此外，我们需要知道，最佳的唤醒水平并不是静态的过程，而是随着篮球比赛进程的变化而变化，比赛开始初期、中期、后期、关键时刻等不同的阶段，最佳的唤醒水平都不一样。篮球运动员在做身体对抗、抢篮板、发动快攻、传球、突破、三分投篮以及罚篮时，都会面临不同水平的唤醒要求，这需要依据场上形势不断调整。一旦运动员掌握如何管理好自己的唤醒水平，能根据场上形势及时作出相应的调整，他们就可能有更好的表现（图 5-3-3）。

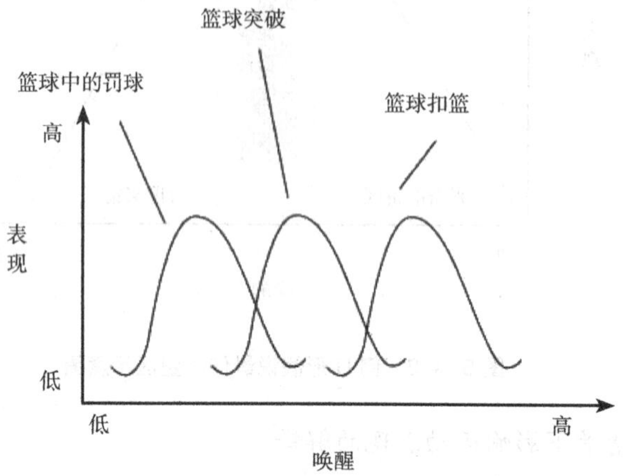

图 5-3-3　篮球不同技能最佳唤醒

尽管倒 U 形假说认为，只有中等的唤醒水平最有利于运动表现。但是，后期研究者们陆续发现每个运动员的最佳唤醒水平并不一样。例如，NBA 的传奇巨星比尔·拉塞尔（曾获得 11 次 NBA 总冠军）始终相信，如果他赛前在更衣室里吐了，他所在的凯尔特人队就会大胜。因为在他看来，肠胃紧张了也就意味着他兴奋起来了，其最佳唤醒水平已经达到。由此看来，每位球员都有自己的最佳唤醒区域。苏联著名运动情绪研究者哈宁（Hanin）曾经就提出过一个最佳功能区理论模型，在这个模型中，每个运动员的最佳功能区为一个区间，超出或低于该区间，就不太可能出现最佳表现。

这个最佳功能区和个体的人格特征、经历密切相关。例如，俄克拉荷马雷霆队的后卫维斯布鲁克的最佳唤醒水平与凤凰城前太阳队后场核心纳什的最佳唤醒水平不在同一水平。维斯布鲁克属于激情型篮球运动员，而纳什显然不是属于情绪型篮球运动员。因此，维斯布鲁克更依赖于高水平的唤醒，纳什则更依赖于稍微低点的唤醒水平，这与个体的风格有关。篮球运动员需要选择与自己风格相对应的唤醒水平（图 5-3-4）。

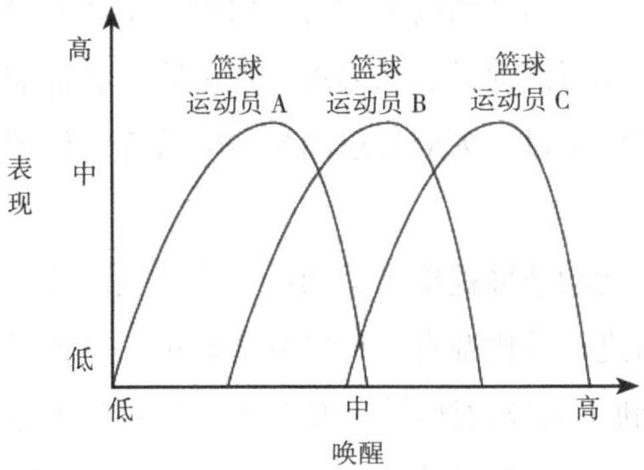

图 5-3-4　不同篮球运动员的最佳唤醒水平示意图

（二）多维焦虑理论

马腾斯（Martens）将学业领域的测验焦虑分类引入竞技运动领域中，提出了竞赛焦虑的多维焦虑理论。该理论认为，运动员赛前状态焦虑包括认知状态焦虑和躯体状态焦虑。该理论主要的观点是，认知状态焦虑和躯体状态焦虑对运动表现的影响是不一样的。其中，躯体状态焦虑与运动表现的关系类似于倒 U 形假说，即不能过高，亦不可过低，中等水平最有利于运动表现；而认知状态焦虑则与运动表现呈负性相关，即认知状态焦虑水平越高，越不利于运动表现（图 5-3-5）。

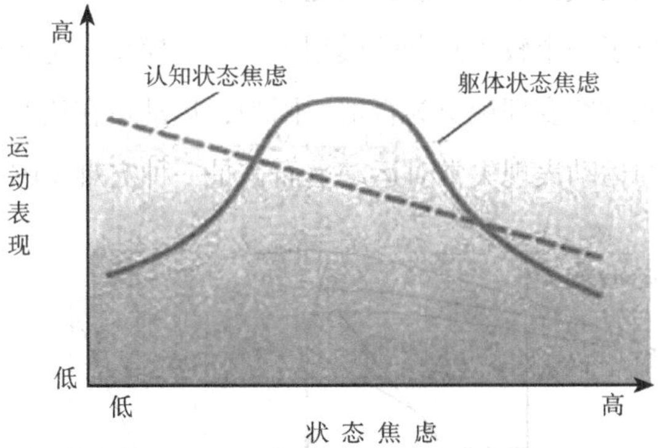

图 5-3-5　多维竞赛焦虑理论假设

该理论提示，篮球运动员需要具有一定的唤醒水平，但不可过高，依据自己的风格选择相适应的唤醒水平。同时，要克服认知状态焦虑的影响，即头脑中尽量减少各种消极的思维、观念与想法。马滕斯提出多维焦虑理论以来，人们一直将焦虑当作一种负面性、不利情绪来对待。但也有学者的研究认为，焦虑并不一定对运动表现不利，亦可能促进运动表现。这说明，竞赛前或竞赛中，篮球运动员存在一定焦虑再正常不过，关键是运动员如何看待和处理焦虑，这才是影响运动表现的关键所在。

有学者针对竞技运动情境提出了运动员挑战—威胁状态理论，该理论的基本假说是运动员对即将进行的比赛有一种二分式评价，或者视其为挑战（积极的评价），或者视其为威胁（消极的评价）。整个评价过程基于运动员对任务需求和自身资源的评价与比较。当运动员感知到的资源大于需求时则进入挑战状态的可能性更大；当感知到的资源不足以应对需求时，则进入威胁状态的可能性更大。运动员对自我资源的评价取决于个体的自我效能感、自我控制感、注意焦点以及目标设置。这提示我们，篮球教练员、运动员在平时的训练与比赛中应当有意识地从这四个方面提高自己对资源评价的水平。

（三）突变理论

倒U形假说与多维焦虑理论对情绪与运动表现的关系解释相对简单，仅用一些较为简单的线性或曲线关系对情绪与运动表现的关系进行了描述。然而，运动赛场中运动员的情绪状态对运动表现的关系可能远比我们想象的要复杂得多。仅仅采用简单的线性关系或曲线关系，可能将问题过于简单化了。因此，有研究者对情绪与运动表现关系提出了一个较为复杂的模型——突变模型，也有研究者称之为突变理论。我们认为，或许突变理论更为合适。因为，运动员在比赛的关键时刻，由于压力的增加所发生的运动表现失常对运动员而言是一种灾难（图 5-3-6）。

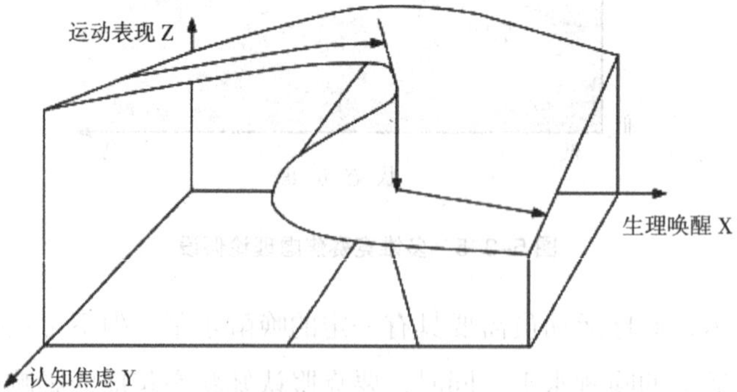

图 5-3-6　突变模型

突变理论是由部分体育学者在数学模型的启发下提出来的。该理论用一个较为复杂的模型解释了认知焦虑与生理唤醒对运动表现的影响，其中，认知焦虑对运动表现的影响是决定性的。具体观点为，当认知焦虑水平较低时，运动表现与生理唤醒的关系类似于倒U形曲线；当认知焦虑逐渐升高并达到一定水平时，生理唤醒与运动表现的关系变得极为复杂，且难以预测，运动表现会出现陡然下降。该理论包括以下几个基本假设：

第一，生理唤醒并不一定不利于运动表现。

第二，随着认知焦虑水平的提高，生理唤醒与运动表现的关系曲线不一致，即生理唤醒水平升高与降低，运动表现变化不一致。

第三，正常的运动表现不会出现在高认知焦虑水平的情况下，高认知焦虑水平下，运动表现时好时坏，低认知焦虑下，运动表现相对稳定。

尽管突变理论对情绪与运动表现关系的解释较为复杂，但我们依然可以从中看出其主要观点，即强调认知焦虑的损害性。通过对多维焦虑理论与突变理论的观点进行对比，我们可以发现，多维焦虑理论与突变理论均强调认知焦虑对操作表现的不利影响。让我们再来看一看竞赛状态认知焦虑的概念。竞赛状态认知焦虑是指竞赛前或竞赛中即刻存在的主观上所认知到某种威胁感引起的紧张、担忧，它是由个体对自己的一些消极看法或对比赛结果所持的消极期望而引起的焦虑，具体体现在消极的内部言语、消极的视觉表象等。仔细想想，认知焦虑其实就是随着情境变化出现在我们头脑中的各种与篮球竞赛相关的思维、言语或想法。例如，在篮球竞赛中的最后关键时刻，运动员获得篮球罚篮机会，他在罚篮前头脑中可能会出现“万一罚不进比赛就输了”之类的想法。有的时候，人们会有这样一种经历：“不想来什么就来什么。”因此，这种消极的内部想法不仅会打击运动员的自信心，而且会给运动员的心理留下阴影。当类似情境发生时，运动员会不自觉地将内部消极想法与实际操作表现建立起某种联系。

二、心理素质训练的方法

（一）放松训练

放松训练作为一种有效的心理调节方法，旨在通过特定的暗示语使个体集中注意力，调节呼吸节奏，促使肌肉逐渐放松，进而产生一系列生理性变化，使个体内心达到宁静平和的状态。这一方法对于运动员而言尤为重要，能够帮助他们在紧张激烈的比赛中保持冷静、发挥出色。放松训练的核心目的是使运动员的肌肉得到充分的放松，降低心率，减缓呼吸，从而有效降低整个身心的唤醒水平。当运动员面临比赛压力时，他们的肌肉往往会紧绷，心率加快，呼吸急促，这些生理反应进一步加剧了他们的心理紧张感。通过放松训练，运动员可以逐渐学会控制这些生理反应，使自己保持在最佳的心理状态。根据生理心理学的研究，人的心理状态与生理状态之间存在着密切的联系和相互作用。心理上的紧张情绪会导致生理上的一系列变化，如肌肉紧绷、心率加快等；同样地，生理上的紧张状态也会反过来影响心理状态，使人感到焦虑不安。在放松训练的过程中，运动员通过暗示语言逐渐放松肌肉，减缓呼吸，降低心率。这些生理上的变化会进一步影响大脑的活动，降低大脑皮层的兴奋性，使个体逐渐进入放松状态。

（二）认知控制技术

放松训练属于一种行为干预技术，认知控制技术则属于认知干预技术。认知控制技术是通过改变人的认知方式、思维方式等来改变我们的情绪反应。情绪的ABC理论（又称合理情绪疗法）认为，诱发人们情绪的因素不是事件本身，而是对事件的认知。同样的外部事件作用于不同的人可能诱发不同的情绪；同样的外部事件作用同一个人，其前后也可能出现不同的情绪反应。因此，认知环节是调节刺激事件与情绪反应的重要因素。然而，个体的认知方式是长期以来由个人的生活经验、家庭背景、学校教育、社会交往等因素共同作用而形成的，是个体的一种习惯。因此，改变个体的认知方式需要一个系统长期的过程。可以采用以下几种方法对运动员的认知方式进行干预：

1. 关注可控因素

篮球运动员之所以在赛前产生焦虑情绪，原因之一是他们对未来比赛情景感到不确定。不确定的情景使运动员感到失去控制，这与日常生活中感受到的焦虑的诱发原因相同。一个人的不确定感越强烈，其紧张焦虑的心理就越强烈。例如，在某场比赛前，运动员已经知道这场比赛肯定会获胜，那么，运动员可能不会那么紧张。然而，进入下一场比赛后，运动员获胜的可能性从100%降到40%～

50%，此时运动员的紧张程度可想而知。另一个诱发焦虑情绪的因素是比赛情景的不可控制性。我们无法控制天气，运动员不能控制竞赛中对手的手感、裁判的判罚。在通常情况下，运动员更多地关注比赛的不可控因素。因此，在篮球竞赛中，不可控性越高，产生焦虑的可能性越大。

教练员可以引导运动员列出影响篮球竞赛表现的主要因素，并要求运动员对每种因素的可控程度进行评分。例如，场地、观众、对手发挥等因素的可控性比较低；运动员对裁判判罚的反应、运动员的防守强度等因素的可控性较高。通过对影响运动表现的因素进行可控性评价，运动员可以找出哪些因素是可控的，哪些因素是不可控的。运动员需要做的，就是将注意力集中在可控性因素上。

2. 自我谈话

许多不合理的认知方式都是由日常训练与比赛中的消极自我谈话所引起的，消极自我谈话的长期使用便使不合理的认知方式形成了一种习惯。改变消极自我谈话的方式有三种，分别是认知重构、思维阻断以及对立思维。认知重构就是采用积极自我谈话代替消极自我谈话的方式。思维阻断是指通过特定的行为和言语阻止或打断消极自我谈话。自我控制损耗领域的研究表明，运动员很难做到什么都不想，试图直接不让头脑中出现消极自我谈话的实际可操作性较差。因此，运动员可采用一些特定的方法去阻止或打断消极自我谈话，例如，使用“停止”内部言语阻断或采用肢体行为去阻断。对立思维是指通过摆事实、讲道理的方式驳斥不合理的内部言语。运动员头脑中的消极自我谈话的形成是一个长期的过程，因此，采用思维阻断的方式或许并不足以改变其消极自我谈话，可通过摆事实、讲道理的方式使运动员认识到消极自我谈话的危害性。

认知焦虑对于运动员的运动表现的伤害是巨大的。认知焦虑实际就是由头脑中的消极自我谈话所引起的。因此，通过自我谈话亦可减少认知焦虑。

3. 理性地看待成败

什么是成功？什么是失败？每个人都有自己的标准。职业运动员与业余运动员之间存在差异，各项运动的运动员之间存在差异，运动员与一般人群之间存在差异。为了使运动员能够有更多的内控性，应当以具体的人和具体的任务来确定合适的标准以评判成功与失败。因此，篮球运动员应当建立合理的目标定向。目标定向理论认为，人们在追求成功的过程中存在两种目标定向，即任务定向与自我定向。任务定向的个体以自己为比较对象，自我定向的个体以他人为比较对象。由于他人属于不可控因素，这样，自我定向的个体就将自己放在了一个不可控制的环境之中，因此很容易认为自己是失败的。运动竞赛中“Choking”现象的研究表明，自我定向者在压力下更可能发生“Choking”现象，因为自我定向的个体更易产生焦虑情绪。

此外，归因理论区分了两类情绪：结果依赖情绪与归因依赖情绪。结果依赖情绪是与结果本身相联系的情绪，它是对成就情景的一种自然反应，如胜利后的喜悦，失败后的沮丧；归因依赖情绪则与认知到的结果的原因相联系。因此，可以通过合理的归因方式来调控篮球运动员的情绪。

（三）培养自信

许多篮球运动员在训练中，无论是投篮、突破或传球，都表现得游刃有余，但是在真正比赛中的表现却判若两人。因为在比赛中，运动员所有的动作都很紧张，从投篮到突破，从传球到篮板球，所有的动作都是僵硬、笨拙的。为什么会这样？我们很多人马上便可以回答：“紧张。”然而，紧张只是外在的表现形式，内在的是该运动员缺乏自信心。其实，很多篮球运动员拥有很好的天赋，但就是不够自信。因此，他们在平时训练中往往表现得很好，一到比赛就掉一个档次。这类运动员常被称为训练型运动员。

马滕斯的多维焦虑理论很好地诠释了自信心对运动表现的影响，他认为，认知焦虑与运动表现呈负性线性关系，而状态自信心与运动表现呈正性线性关系。此外，许多研究表明，优秀运动员与一般运动员的心理差异中，自信的差异是一个主要方面。自信的运动员总是比不自信的运动员发挥得好。自信心水平越高，焦虑水平则越低；反之，自信心水平越低，焦虑水平则越高。越自信的运动员头脑中的消极思维与想法越少，这些运动员常常处于较高的正性唤醒水平。

那么，我们应该如何提高篮球运动员的自信心呢？班杜拉的自我效能理论为我们寻找培养自信的方法提供了方向。自我效能理论认为，成就经验、替代性经验、言语劝说以及生理唤醒是影响个体自我效能的四个因素。一个长期经历失败的运动员，不仅不利于其自信心的培养，反而会导致习得性无助感产生。教练员、运动员应当利用一切可能的机会来体验成功，而每次成功都会让他们感受到更加自信。例如，运动员在篮球竞赛中曾经完成一次绝杀投篮，那么这次经历将为他日后再次执行绝杀球提供强大的自信心。

目标设置是一种有效帮助运动员建立成就经验的方法。教练员和运动员应该制订包含阶段性目标的训练计划。之后，定期评估每个阶段的目标。随着每个阶段目标的实现，运动员的信心将逐渐建立起来。同时，积极鼓励运动员经常回忆他们完成目标的数量与质量。通过目标设置训练，可以让运动员清晰地看到自己的进步与成长，能够让他们知道通过努力完全可以实现一些自己原本认为不可实现的目标。目标设置需要遵循一些基本原则，这样能够促进目标设置训练效果最优化。无论是教练员，还是运动员，在确定目标时应该注意：目标既要有挑战性又要有可实现性，目标应该是明确的而不是模棱两可的，长期目标结合短期目标。

言语鼓励既可以是来自教练员的言语鼓励，也可以是运动员自己给自己的言语暗示，即自我谈话。言语是教练员执教艺术的体现形式，不同执教风格的教练员在言语上存在较大差异。然而，无论何种执教风格的教练员都不能忽视对运动员的言语鼓励。为什么说来自他人（尤其是教练员）的言语鼓励如此重要呢？自我实现预言（Self-fulfilling Prophecy）为此提供了理论基础。自我实现预言是指，当一个人对另一个人持有某种期望时，这种期望会不自觉地影响这个人对另一个人的行为，而这一系列行为将最终导致另一个人朝着这个期望方向发展，最终实现这个预言。

第六章　篮球教育的创新策略

本章主要分析篮球教育的创新策略，包括多媒体技术与篮球教育创新、慕课技术与篮球教育创新、分层次教学与篮球教育创新、合作学习与篮球教育创新、翻转课堂与篮球教育创新五部分内容。

第一节　多媒体技术与篮球教育创新

一、多媒体技术的定义与发展

（一）多媒体技术的定义

多媒体技术是一种融合了多种媒介形式的技术，通过计算机或电子设备对多种信息形式进行集成处理和表达。多媒体技术不仅丰富了信息的呈现方式，还使各种信息形式能以互动的方式被展示和操作，极大地拓宽了信息交流和表达的渠道。

（二）多媒体技术的发展

起始阶段（20 世纪 60—70 年代）：早期的多媒体技术主要出现在实验室和专业的计算机系统中，如用于军事和大学研究的模拟器和教学机。

发展阶段（20 世纪 80 年代）：个人电脑（PC）的普及使多媒体技术更加广泛地被接受和使用。CD-ROM 的推出为存储和分发丰富的多媒体内容提供了可能。

成熟阶段（20 世纪 90 年代）：互联网的蓬勃发展使多媒体内容可以在线交流，是多媒体技术的一个重要里程碑。在这个时期，多媒体成为教育和娱乐的重要工具。

整合阶段（21 世纪初）：随着宽带互联网的普及和移动设备的兴起，多媒体技术已经成为日常生活的一部分。视频流媒体服务、社交媒体平台等新兴应用的出现，进一步推动了多媒体内容的创造、分享和消费。

创新阶段（当前）：现今，多媒体技术不断融合最新的计算技术，为用户带来前所未有的体验。例如，通过 AI 技术，音频和视频内容可以实现更智能的编辑和自动生成，VR 和 AR 技术则为多媒体交互提供了新的维度。

二、多媒体技术在篮球教育中的应用

（一）互动视频分析系统

互动视频分析系统，是一种基于数字图像处理、计算机视觉和机器学习等前沿技术的先进分析工具。它专门用于捕捉篮球比赛或训练中的画面，为运动员的动作进行实时或事后分析提供强大支持。互动视频分析系统的出现，极大地提升了篮球教学和训练的科学性、系统性和效率性。在实际应用中，互动视频分析系统首先通过高清摄像机捕捉篮球比赛或训练的完整视频。这些视频不仅画面清晰，而且能完整地记录场上运动员的每一个动作。通过对画面的深度解析，系统能准确地识别场上的运动员，并追踪他们的运动轨迹。

（二）虚拟现实在技术训练中的运用

虚拟现实（VR）技术作为多媒体技术的一部分，近年来在篮球技术训练中的应用越来越广泛，为教练员和运动员带来了革命性的训练方式。

虚拟现实技术在篮球训练中的运用主要表现在模拟实际比赛环境、个性化技术动作训练、策略演练等方面。通过虚拟现实眼镜，运动员可以进入一个高度模拟的篮球场景中，模拟场景可以是室内的篮球馆，也可以是户外的篮球场，甚至是世界级的比赛场馆。在虚拟环境中，球员能面对各种比赛情境，包括防守压力、观众喧嚣等，这些都是通过多媒体技术精心设计和仿真的。

借助虚拟现实技术，篮球技术训练可以被细化到每一个动作的模拟和训练。比如在投篮训练中，虚拟现实系统可以记录球员投篮时的手臂角度、力度、手腕的弯曲程度以及投篮时的身体平衡等，通过数据分析提供反馈，帮助球员在没有真实对抗的情况下矫正动作，提高投篮准确度。这种个性化的反馈对于每个球员的技术提升具有重要意义，因为它可以根据个人的表现进行调整，而不是一刀切的训练方法。

在篮球战术的学习和演练方面，虚拟现实技术同样展示出其独特的优势。传统的战术板和视频分析已经不能满足快速发展的篮球战术训练需求，虚拟现实技术则可以让球员在模拟的比赛环境中多次练习战术配合，就像在真实比赛中一样。球员不仅可以从第一人称视角了解自己在战术中的角色和任务，还能从第三人称视角观察整个球队的运动和配合，从而更好地理解战术意图和执行细节。

除了技术和战术的训练，虚拟现实还可以用于心理训练。篮球比赛往往伴随着巨大的心理压力，特别是在比赛关键时刻。虚拟现实技术可以模拟高压力下的比赛环境，如观众的嘘声、对手的挑衅等，帮助运动员在非真实的比赛环境中适应这种压力，从而在真实比赛中保持冷静和专注。

（三）走形图与动画演示在战术教学中的作用

走形图是篮球战术教学中的基本工具，它通过简化的图形和线条表示球员和篮球在场上的运动轨迹。这种方法能帮助运动员快速理解战术布局和运动要求，通过静态的视觉信息传达运动的起始位置、移动路径和结束点。

走形图的优点在于可以快速绘制和修改，教练可以即时创建或调整战术图，以适应不同的对抗情况。然而，走形图的局限性也很明显，它缺乏时间维度，不能展示运动的连续性和实时性，导致运动员可能难以从静态图形中领会动态过程。而动画演示则弥补了走形图的这一不足。动画演示通过连续的动态画面展示球员和篮球的运动过程，更贴近实际比赛的连贯性和节奏感。动画演示可以模拟真实的比赛场景，将战术中的跑动路线、球的传递顺序以及对方防守反应等都以动态的方式直观地呈现出来。运动员可以通过反复观看动画来加深对战术时序和空间布局的理解，这对于提升运动员的战术执行力和反应速度有显著效果。

在战术教学中，走形图和动画演示经常被结合使用。一方面，教练利用走形图快速传授战术思路，让运动员对整体框架有一个基本的认识；另一方面，通过动画演示将这些战术具体化，让运动员在模拟的比赛环境中反复练习，从而加深理解。此外，动画演示能展示实战中的应变策略，帮助运动员学会在不同防守压力下的应对技巧。

三、多媒体技术优化篮球教育的具体策略

（一）创新篮球技术教学视频内容

1. 深化教学内容的层次与细节

视频教学在现代教育中扮演着越来越重要的角色，特别是在体育技能的学习中。视频教学的优势在于其直观性、生动性以及可重复性，能帮助学习者更好地理解和掌握相关技能。对于视频教学内容的组织和呈现方式，我们认为应该从基础技术动作教学开始，逐步深入高级技巧和战术应用，以形成一个系统而完整的学习路径。

2. 应用技术分析和统计数据

在现代篮球运动中，视频分析已成为一项不可或缺的工具。通过融入技术统计和数据分析，视频不仅可以记录球员的每一个动作和技巧，更能直观地展示动作或技巧在比赛中的实际表现。这种深入分析的方式，使球员和教练能更准确地了解球员的技术特点，以及在比赛中的优势和不足。

3. 融入名家示范和采访

为了进一步提升视频内容的权威性和吸引力，我们可以采取一种更具策略性的方式来丰富视频内容，那就是邀请知名篮球教练或专业球员参与视频的拍摄与制作。这样的举措不仅能借助他们的专业背景和丰富经验，为观众提供更为精准和实用的技术教学，还能通过他们的个人魅力和影响力，激发学习者的兴趣和动力。在视频拍摄过程中，知名篮球教练或专业球员可以发挥他们的专业优势，通过亲身示范来展现篮球技术的精髓。他们可以用标准的动作和流畅的节奏，为观众展示如何正确地执行各项技术动作。同时，他们可以结合自己的实战经验，对技术细节进行讲解和分析，帮助观众深入理解技术背后的原理和要点。

4. 结合音乐和视觉效果

在现代多媒体时代，视频内容无疑成为人们获取信息、学习知识的重要途径。而在此过程中，音乐和视觉效果的运用对于提升视频的观赏性和教学效果起到了至关重要的作用。在篮球教学视频中，选择一首符合篮球运动节奏的音乐背景，往往能极大地增强视频的动感。篮球运动本身就是一种充满力量与速度的体育项目，一首节奏明快、充满活力的音乐能完美地与篮球运动的特点相融合，营造出

一种紧张刺激的氛围。这样的音乐不仅能吸引观众的注意力，还能提升用户的观看体验，使观众仿佛置身于现场，亲身感受篮球运动带来的激情与魅力。

5. 采用模块化教学设计

视频内容的设计应采用模块化思路，按照不同技术点进行划分，方便学习者根据自己的需求选择学习内容。每个模块都应该设计完整的学习循环，包括动作演示、技术要点讲解、常见错误纠正、实战应用展示以及自我练习指导等部分。

（二）提高篮球理论教育的互动性

1. 采用交互式白板或触屏技术

教师可以在交互式白板上展示篮球比赛的视频片段，让学生观察并分析比赛技术和战术。此时，运动员可以上前亲自操作，比如标记视频中的关键位置、画出运动员的移动路线等，这样的直观操作能使运动员更深刻地理解比赛的节奏和策略。

2. 用软件或程序模拟比赛情景

利用模拟软件或篮球教学应用程序，运动员可以模拟篮球比赛中的不同情景，例如进攻和防守策略。这些软件通常允许运动员自行设置球员的位置、移动速度和球的传递路径，从而让运动员在虚拟环境中亲自实践理论知识。这种形式的模拟不仅能帮助运动员更好地理解复杂的篮球战术，也能提高他们解决实际问题的能力。

3. 构建篮球技术交流社区

多媒体技术还能帮助建立一个互动学习社区，教练可以创建在线讨论板或利用社交媒体工具，鼓励运动员之间的交流和讨论。运动员可以在这些平台上传自己的篮球练习视频，分享学习心得，互相提供反馈。这种方式不仅能促进运动员之间的互动，也能让运动员从同伴的表现中学习和进步。

（三）使用多媒体游戏提高学生兴趣

多媒体游戏的引入为教育教学领域注入了新的活力，尤其在篮球教学方面，其潜力不容小觑。为确保多媒体游戏与教学内容紧密结合，我们需要对游戏设计进行精心构思，以确保其在提升运动员篮球技能的同时，也能深化他们对篮球知识的理解。

游戏设计应紧扣篮球基础知识和技能的教学目标。可以开发一款篮球教学游戏，让运动员在虚拟环境中进行投篮、运球、防守等基础动作的练习。游戏可以根据运动员的投篮动作、运球姿势等给予实时反馈，帮助他们纠正动作中的错误，从而更快地掌握篮球技巧。

多媒体游戏还应注重互动性和团队合作。篮球是一项团队运动，因此，游戏可以设定为多人在线模式，让运动员在游戏中与其他玩家组队，共同完成任务或比赛。通过合作，运动员不仅能增强彼此之间的交流和协作能力，还能更深刻地理解篮球运动的团队精神和合作意识。

多媒体游戏还应充分利用视觉和听觉元素来增强运动员的感官体验。通过高质量的图像、真实的音效和动态的视频片段，可以使篮球技巧和比赛策略的学习变得更加生动和吸引人。视觉和听觉元素的运用，可以让运动员在游戏中获得更加真实的篮球体验，从而更好地理解和掌握篮球技巧。

第二节　慕课技术与篮球教育创新

一、慕课技术简介

（一）慕课的定义

慕课，即大规模开放在线课程，是近年来兴起的一种在线教育的形式。它以互联网为媒介，为广大学子提供了开放、便捷的网络课程，使知识不再受地域和时间的限制，成为全球范围内的共享资源。

（二）慕课的特点

1. 开放性

慕课的开放性是最显著的特点之一。无论身处何地，只要有网络连接，学习者都可以随时随地注册并参与到自己感兴趣的课程中。

2. 大规模参与

由于是在线课程，所以慕课可以容纳成千上万的学习者。

3. 多样性

慕课教学内容涵盖各个领域，从人文社科到自然科学，从入门课程到高级课程，满足不同学习者的需求。

4. 互动性

许多慕课平台提供了互动论坛，学习者可以提出问题并与其他学习者或教师交流。

5. 灵活性

学习者可以根据自己的时间表进行学习，有些课程也允许自主控制学习进度。

（三）慕课的发展趋势

近年来，随着科技的不断进步和互联网的高速发展，慕课已成为越来越多人追求知识的新途径。与此同时，人工智能技术也在各个领域发挥着日益重要的作用。慕课与人工智能技术的结合，为在线教育带来革命性的变革。

二、慕课在体育教育中的潜力

（一）提供体育理论课程的多媒体教学资源

体育理论课通常包括运动生理学、运动训练学、体育保健学等，通过视频讲座、互动问答和在线测试等形式，这些理论知识可以被更直观、更深入地传授给学生。

（二）促进体育实践课程的标准化教学

通过高质量的视频教学资源，学生可以观看到标准的运动技巧演示，这对于学习正确的运动技术至关重要。同时，学生可以通过视频回放，对自己的动作进行比较和纠正，从而更有效地掌握技能。

（三）为体育教育提供交流和互动的新平台

学生不仅可以在论坛上与全球的同学讨论体育课程内容，还能在小组内分享训练经验和成果，大幅度地提升了学习的互动性和趣味性。此外，教师可以通过在线社区收集学生的反馈，及时调整教学策略。

（四）拓宽体育教学资源的覆盖范围

在慕课平台上，来自世界各地的顶尖教练和专家可以共享他们的知识和经验。这意味着即使是在资源匮乏的地区，学生也能获得一流的体育教育资源。

三、慕课在篮球教育中的实施

（一）篮球理论与案例分析课程设计

1. 课程目标的制定

在课程设计之初，明晰教学目标是至关重要的。教学目标应围绕篮球理论知识的理解、篮球技术的应用、案例分析能力的培养，以及战术思维的发展。要保证课程目标具有实现可能性，同时能满足学生的不同需求。

2. 模块化的课程结构

课程内容应该模块化分组，使学习者可以根据自身进度选择学习模块。模块可分为篮球运动基础、进阶篮球理论、战术分析、案例研究、自我训练指南等。

3. 篮球运动基础

在此模块中，通过视频讲解篮球运动的基本规则、术语以及基础技能。利用图像、图表和动画来展示球场位置、球员角色和基本动作的标准形式。此外，该模块能提供互动问答，检验学习者对篮球基础知识的掌握程度。

4. 进阶篮球理论

该模块深入讲解篮球技术和战术的进阶理论，包括攻守转换、特殊情况下的战术应用等。通过高级别比赛片段的剖析，让学生理解理论在实战中的具体应用。

5. 战术分析

此部分聚焦于篮球战术的深入分析，包括但不限于防守战术、进攻组织以及队伍协作。运用虚拟现实技术模拟战术运行过程，增强学生的沉浸感。

6. 案例研究

在案例研究模块，选取经典比赛或著名球员的比赛片段作为教学案例。课程设计需要提供详细的比赛情境分析，结合统计数据，引导学生学会如何从不同角度对比赛进行解读。

7. 自我训练指南

该模块为学生提供个性化的篮球训练指导，含有各种训练小组件，使学生能在家或在学校自行练习，提高篮球技能。

8. 结合现实训练

尽管慕课可以提供理论学习和模拟分析，但篮球教学也需要实际的身体训练。设计中应结合线下训练，指导学生将在线学到的知识应用于实际的球场训练中。

9. 持续更新课程内容

篮球是一项不断发展的运动，新的技术和战术层出不穷。因此，课程内容需要持续更新，以保证学生能了解最新的篮球理论和实践发展。

（二）在线篮球技能教程与评估

在教学目标的设定上，线上篮球教程须明确针对的学习人群，不同水平的学习者应有不同的教学目标。初学者的教学目标可能是掌握篮球运动的基本技术和规则，而对于有一定基础的学习者，则可能更侧重于技能的提升和战术的应用。

针对学习内容的构建，线上篮球技能教程应涵盖篮球运动所有重要技能，如运球、投篮、防守、篮板、传球等，还应该包括篮球比赛的规则解读、体能训练、战术学习等。教学内容的呈现可以采用视频教学、图文解析、互动问答等多样化形式，确保信息的丰富性和易理解性。高清的视频演示能让学习者清晰地看到技能动作的细节，而图文解析则可以在视频教学的基础上提供补充信息。

教学方法的选取对于在线篮球教程尤为重要。课程可以采用任务驱动法，通过设计一系列的实战任务来提高学习者的技能。游戏化元素的加入可以提高学习者的积极性，例如通过设置挑战任务、排行榜等方式激励学习者。同时，为了保证交互性，可以采用直播的方式进行实时教学，让学习者能与教练进行即时交流，提出问题并得到快速反馈。

评估机制方面，由于篮球技能的学习往往需要实际表现，因此，评估不应只依赖线上测试。可以结合自我评估、同伴评估以及教练评估三种方式。在自我评估中，学习者可以通过录制自己的运球、投篮等技能视频上传至教学平台，对照教学视频自行评估技能掌握情况。同伴评估则可以通过学习小组或社区，相互评估技能掌握情况并提供反馈。教练评估则更为专业，教练可以通过学习者提交的视频进行评估，并提供更专业的指导。

此外，科技的应用可以更深层次地改善在线篮球技能教程与评估。例如，通过运用人工智能 AI 技术分析学习者的动作，提供个性化的改进意见；借助可穿戴设备收集学习者的生理数据，优化个人的体能训练计划等。

（三）互动问答和讨论版的设置

1. 互动问答

（1）实时问答

课程可以设置实时问答环节，学生可以在观看篮球技术演示视频的过程中，通过内嵌的聊天工具实时提出问题。这些问题可以直接发送给教练或者其他在线助教进行回答，实现即时交流，提升学习效率。

（2）视频暂停问答

在教学视频的关键环节，可以设置自动暂停，提出与此刻教学内容相关的问题，学生需要提交答案后才能继续观看。这种方式可以确保学生不是被动接收信息，而是活跃地参与到学习过程中。

（3）模块化问答

将篮球教学内容分解为多个模块，每个模块后设置针对性的问答环节，帮助学生巩固学到的技能和理论知识。

（4）问答库

建立一个包含常见问题的问答库，学生可以在这里搜索已有的问题和答案，这样不仅能减轻教练的重复性工作负担，也能加快学生获取信息的速度。

（5）评分系统

互动问答环节可以结合评分系统，鼓励学生积极参与。例如，对于回答问题或者提出高质量问题的学生可以给予一定的积分奖励。

2. 讨论版的设计与设置

（1）分主题讨论区

创建不同的讨论区域，针对篮球技巧、比赛策略、队伍协作等主题开展讨论，这样能帮助学生将讨论重点集中在特定领域，从而提高讨论质量。

（2）案例分析

在讨论版上发布篮球比赛的案例分析，鼓励学生分析并讨论比赛中的战术运用、球员表现、教练决策等，以实际案例为基础能提高讨论的实用性和针对性。

（3）专家参与

邀请篮球教练、专业运动员或体育分析师在讨论版上定期与学生交流，提供专业见解，增加讨论的权威性。

（4）互评和反馈

在讨论版上实施互评系统，让学生对彼此的讨论内容进行评价，同时教练可以提供专业反馈，帮助学生从不同角度思考问题。

（5）自组织小组讨论

鼓励学生形成小组，就特定主题进行深入讨论。小组内成员可以相互学习、互相支持，小组之间可以进行交叉评议，激发学生的创新思维和学习兴趣。

（6）讨论任务

定期发布相关讨论任务，如撰写比赛分析报告、策划训练计划等，通过完成具体任务来提升学生的篮球理论知识和实战能力。

（7）数据分析

应用数据分析工具追踪讨论版上的活跃度和学生参与情况，根据数据结果调整讨论话题和互动策略。

（8）在线研讨会

定期举办在线研讨会，为学生提供更多样化的交流平台，通过视频会议形式进行集中讨论和学习。

四、慕课教学与传统篮球教育的对比

（一）自主学习与传统教育方法的效果对比

1. 提供灵活多样的学习资源

慕课模式下的教学内容，不再局限于文字和图片，而是融入视频教程、在线讨论、模拟操作等多种媒体形式。视频教程通过生动直观的影像，将知识内容以更加直观、易懂的方式呈现给学习者。这种形式的学习资源不仅有助于学习者更好地理解知识点，还能在视觉上产生吸引力，增加学习的趣味性。

2. 赋予学生更大的学习自主权

在传统的教学模式中，学生往往扮演着被动接受知识的角色。然而，在慕课

(大规模在线开放课程)模式下，学生的学习方式发生了翻天覆地的变化。慕课的出现打破了传统课堂的时空限制，让学生可以根据自己的时间安排和学习进度，自由地选择学习时间和内容。这种高度的自主性，使学生能在适合自己的节奏下进行学习，更好地掌握知识。

3. 促进学生间的交流和合作

与传统课堂相比，慕课平台不仅打破了地域的界限，使全球的学习者能跨越国界，齐聚一堂，在同一平台上共同学习、交流，还为学生提供了一个更加开放、自由的学习环境。无论是在繁华的都市，还是在偏远的乡村，只要有网络覆盖的地方，学生们都可以随时随地登录慕课平台，参与到丰富多样的在线学习活动中来。

4. 提供即时反馈

多数慕课平台都配备了自动评估系统，学生在完成练习或测试后可以立即获得反馈，了解自己的学习成效，及时调整学习策略。这种及时的反馈机制，在很大程度上提高了学习的效率和效果。

5. 支持个性化学习路径的设计

慕课平台以其高度的灵活性和个性化特性，为教师和学生提供了一个全新的学习空间。在慕课平台上，教师不再是单一的知识传授者，而是成为学生学习道路上的引导者，能根据学生的实际学习情况和反馈，为他们量身定制个性化的学习路径。

(二)学习时间和空间的灵活性

1. 学习时间

在学习时间的安排上，传统的篮球教学方式往往要求学生按照严格的时间表，在特定的时间和地点进行面对面的训练和学习。这种教学方式通常遵循学校或培训机构设定的固定时间表，要求学生们在规定的时间内完成相应的训练任务。然而，这种固定性的时间安排对于许多时间安排复杂、有着繁重工作或其他学习任务的学生来说，无疑是一大挑战。相比之下，篮球慕课教学以其突破时间限制的优势，为学习者提供了更为灵活的学习体验。通过在线学习平台，学生们不再受到固定时间表的束缚，而是可以根据自己的日程安排，自由选择学习的时间。这种灵活的学习时间安排，使学习者可以根据自己的节奏和兴趣进行自主学习。

2. 学习空间

在空间上，传统篮球教学通常受限于训练场地的可用性。学生必须前往学校的体育馆、篮球场或其他指定的训练设施进行学习。而篮球慕课教学则彻底消除了地点的限制。学生可以在家中、办公室或任何有互联网连接的地方进行学习。通过在线视频教学，学生可以观看专业教练的技术演示和讲解，甚至通过虚拟现实技术进行模拟训练。此外，线上平台可以提供大量的篮球训练资源，包括训练计划、技巧分析和策略讨论，学生可以依据自己的训练需求随时获取最新信息和资源。

第三节　分层次教学与篮球教育创新

一、分层次教学与篮球教育的结合分析

（一）分层次教学法概述

分层次教学法是一种极具创新性且针对性极强的教学策略，它根据学生的能力、技能或者知识水平，将学生巧妙地划分成不同的层次或组别。分层次教学方法的核心思想在于因材施教，让每个学生都能得到最适合自己的教学内容，进而在各自的能力范围内得到充分的挑战与成长支持。

（二）分层次教学在篮球训练中的重要性

在篮球训练中，分层次的教学法和个性化教学理念无疑占据着举足轻重的地位。篮球运动是一项既注重个人技能，又强调团队配合的体育项目，它要求球员在身体条件、技能水平、比赛经验以及理解比赛的能力上达到一定的水准。然而，由于每个球员的个体差异，使教练在训练过程中需要采取更为灵活和更具针对性的教学方法。分层次教学法正是针对这个问题而提出的一种有效策略。分层次教学方法的核心在于根据球员的实际水平，将他们分成不同的组别，以便为每个组别制订符合其实际能力的训练计划。这样做的好处在于，既能确保训练内容符合球员的实际情况，又能最大限度地发挥他们的潜能，提高他们的训练效果。

二、分层次篮球教学的实施步骤

（一）球员技能评估与分层

在篮球教学中，分层次教学已经成为一种行之有效的教学方法。分层次教学方法的核心在于根据球员的技能水平、身体素质等多个维度，对球员进行科学的评估和分层，以确保每位球员都能在适合自己的教学环境中得到最好的发展。在将分层次教学应用于篮球教学的过程中，对球员的技能评估与分层显得尤为重要。这一步骤需要教练员运用综合性评价方法，全面、客观地评估每位球员的篮球技能。

1. 球员的基本技术分析

基本技术分析在篮球运动中占据着举足轻重的地位，它包括投篮准确性、控球技巧、传球能力、防守技术以及其他篮球基础技术等多个方面。这些基础技术的掌握程度，直接关系到球员在比赛中的表现以及球队的整体实力。因此，教练和球员都需要对这些技术进行深入的钻研和训练。在评估球员的基础技术时，教练通常采用定量的测试方法。

2. 身体素质评估

身体素质的评估在体育训练、运动竞技以及健康管理中都扮演着至关重要的角色。一般而言，身体素质的评估涉及多个方面，包括力量、速度、耐力、灵敏度和协调性等，这些方面的测试共同构成了全面而细致的身体素质评价体系。

3. 心理素质评价

除了技术和身体素质的评估，心理素质的评价也是分层教学中关键的环节。篮球比赛常常压力巨大，球员的心理承受能力、专注力、团队协作精神和比赛紧张时刻的冷静程度等都会直接影响比赛结果。心理素质的评估通常需要更加个性化的方法，包括心理问卷调查、实战模拟中的表现评估以及与球员的个别访谈等。

4. 球员学习能力判定

球员的理解力和学习能力涉及球员对篮球策略的理解程度、对场上变化的适应能力以及比赛期间战术执行的正确性。教练可以通过小组讨论、视频分析和模拟比赛等多种手段，综合评估球员的理解力和学习能力。

在收集了全部数据后，教练需要对结果进行分析，根据球员在不同测试中的表现，将球员划分到不同的技能层次中。这个分层次的过程应该是动态的，可以根据球员的进步进行调整。每个层次的球员将接受相应水平的训练，这样不仅可以确保每个球员都能得到适合自己发展阶段的训练，还能促进他们的综合能力提升。

教练在制订训练计划时，需要注意不同层次之间的相互渗透和提升机制。对于技能较为一般的球员，应设计针对性的训练来加强基础；对于技术较为出色的球员，则可以通过更高层次的技术和战术训练来进一步提高其竞技水平。

（二）设计不同层次的训练计划

1. 初级训练计划

初级的训练计划应该侧重于基本技能的培养。这包括传球、接球、运球和基本投篮技巧。在此阶段，教练需要分解每项技能，使用简单而重复的练习来加强学生的基本技术动作。例如，可以通过固定位置传球来增强传球的准确性和力量，通过标记不断变化的运球路线来提升控球技巧。此外，通过低强度的对抗练习，如一对一的小范围比赛，可以让学生在实战中应用基本技能。

2. 中级训练计划

中级的训练计划必须引入更复杂的篮球技巧和战术理解。这涉及更高级的投篮技巧，如跳投和三分投篮，以及进阶的运球技巧，如变向和后撤步。在这个阶段，训练可以通过设置情景模拟游戏环境，让学生在不断变化的对抗中提升技术应用能力。教练可以引入基础战术概念，如挡拆、快攻和换防策略，帮助学生更好地了解比赛流程。

3. 高级训练计划

高级的训练计划更注重技能的整合和高阶战术的运用。在此阶段的训练中，学生应该已经拥有较为完善的基本技能和一定的游戏理解能力。训练计划应该设计为模拟实际比赛的高强度训练，让学生在有压力的环境中作出快速决策。此外，个性化训练成为必要，如对于擅长突破的球员更多练习变向突破和完成攻击的技巧，对于内线球员则更多强调篮板球和防守技能的提升。

（三）分层次教学与个人发展计划的结合

在进行有效的分层次教学之前，教练需要对学生的篮球技能进行全面的评估。这一点前文已有相关论述。

在分层次教学的基础上，每个学生都应该有个人发展计划。这个计划应包括短期和长期目标，以及为达成这些目标需要采取的步骤。个人发展计划应与学生的能力层级相匹配，同时考虑到他们的个性特点和兴趣，以保证训练的个性化和目标性。

个人发展计划的制订应基于每个层级的学习目标。对于初学者，重点可能是基本技能和规则的掌握，中级水平学生可能需要在技术和战术理解方面进一步发展，高级水平学生则可能集中于提高专业技能和竞赛表现。在每个层次上，训练计划需要具体、可量化，并伴随着适当的反馈机制。

在分层次的训练中，教练应该使用不同的教学方法和练习来满足不同层次学生的需求。例如，初级学生需要更多的视觉和口头提示来学习基础动作，中级学生则通过小组竞赛和模拟游戏来提高他们的技能，高级学生则需要更多的个别指导和分析他们比赛中的表现。

将个人发展计划与分层次教学相结合需要不断地调整和反馈。个人发展计划应该根据学生的进步和发展进行更新。这意味着教练需要持续监测学生的表现，并根据他们的进展调整教学计划和个人目标。反馈应该是及时的，并且既包括正面的，也包括需要改进的方面，以便学生明确他们的进步情况和下一步需要努力的方向。

除了技能发展，个人发展计划还应该包含心理和情感方面的培养。篮球不仅是一项技能密集型的运动，也是一项需要团队合作和心理韧性的运动。因此，对于所有层级的学生来说，学习如何在比赛中保持专注、如何应对压力和挫折，以及如何与队友进行有效沟通都是非常重要的。

三、分层次教学的优势与挑战

（一）满足不同学习需求

1. 实现个性化教育

在篮球教学中，教师扮演着至关重要的角色。他们不仅具备丰富的篮球知识和教学经验，更擅长因材施教，根据每位学生的技能水平制订个性化的练习计划。这种因材施教的教学方式，确保了每位学生都能在适合自己的水平上接受挑战，进而实现技能的提升。

2. 提高学习的动机

在篮球教学中，提高学生的兴趣和积极性是提升学习效率的关键所在。传统的“一刀切”教学方式往往难以满足不同水平学生的需求，而分层次教学则能够根据每个学生的具体情况，为他们量身定制合适的学习目标和训练计划。分层次教学的核心在于为每个学生设置具有挑战性的目标。这些目标既不会过于简单，让学生感到无聊和乏味；也不会过于困难，让学生望而生畏。这些目标应该是恰到好处的，既能让学生感到有一定的挑战性，又能在他们的能力范围之内实现。这样，学生在追求目标的过程中，就会不断突破自己的极限，体验到成长的快乐。

3. 减少学习差异

篮球技能的掌握往往在不同学生之间存在差异，传统的“一刀切”教学方式很难满足所有学生的需求。分层次教学通过为不同水平的学生提供符合其水平的训练，能够使每个学生都在适合自己的层次上学习，保证了教学效果的最大化。

4. 促进学生正向互动

尽管学生被分成不同的学习层次，但他们可以在某些集体活动中互相学习和交流。高水平的学生可以在这些活动中发挥领导作用，低水平的学生则可以通过观察和模仿来提高自己的技能。这样的互动不仅能培养学生之间的团队精神，还能帮助他们从不同的角度理解和学习篮球技巧。

（二）教练资源与班级管理

1. 教练资源的有限性

篮球教学需要专业的教练进行技能传授和指导，分层次教学则要求教练能够针对不同层次的学员提供差异化的训练。这就意味着教练不仅需要具备广泛的篮球知识和扎实的技能，还需要掌握个性化教学的策略。然而，篮球教练通常在同一时间内面对的是一个大班级，而不是少数几个学员。这就导致了教练在时间和精力上的分配不可能完全满足所有学员的个性化需求，尤其是在资源较为紧张的情况下。

2. 班级管理的复杂性

为了实施分层次教学，班级通常需要被划分为不同的小组，每个小组根据学员的能力和进度进行划分。这种划分往往需要教练具备高度的观察力和评估能力，以确保每个学员被正确地分配到适合自己的层次。同时，小组内部的互动和小组之间的均衡也需要教练进行精心的设计和管理。这不仅要求教练具备高效的组织能力，还需要他们能够处理好小组内外的动态关系，避免学员之间因竞争受到负面影响。

3. 教练的专业发展

分层次教学要求教练在篮球教学的同时，还需要不断地学习和掌握新的教学方法和技术。他们需要对不同层次的学员进行个性化的课程设计，调整教学策略以适应学员的学习进度和反应。这就要求教练在日常工作之余投入时间和精力进行自我提升。

第四节　合作学习与篮球教育创新

一、合作学习与篮球教育的结合分析

（一）合作学习的定义与原则

1. 合作学习的定义

合作学习作为一种富有创新性的教育方法，近年来在教育领域得到了广泛的关注和应用。它旨在让学生分组进行学习任务，通过相互之间的合作和交流，共同达成学习目标。这种学习模式不仅有助于提高学生的学术成绩，还能培养他们的社会技能，为未来的社会生活奠定坚实的基础。在合作学习的实践中，学生被分为若干小组，每个小组都承担一定的学习任务。这种学习方式鼓励学生在组内开展讨论、交流想法和解决问题。通过与同伴的合作，学生可以共同探索知识，相互启发，从而加深对学习内容的理解。同时，合作学习能培养学生的团队合作精神，让他们学会倾听他人的观点，尊重不同的意见以及协商解决问题。

2. 合作学习的基本原则

（1）正面互依赖

在教育环境中，一个不可忽视的重要理念便是学生必须在达成学习目标方面互相依赖，并深刻意识到团队成员的成功对自己同样具有积极的推动作用。

（2）个体与集体责任

合作学习强调团队合作，每个学生也必须对自己和团队的学习承担责任。

（3）促进性互动

学生在团队中应该互相帮助，通过讨论、解释和激励来促进彼此的学习。

（二）合作学习应用于篮球教育的意义

1. 提高团队协作能力

通过合作学习，篮球队员可以学习如何更好地与队友沟通和协作，这对于比赛中的团队战术执行至关重要。

2. 发展社会技能

篮球不仅是体力和技巧的比拼，还涉及沟通、领导力和决策等社会技能的运用。合作学习可以帮助篮球队员在这些领域得到成长。

3. 增强个体责任感

在球队中，每个队员都有其独特的角色和责任。通过合作学习，可以增强队员们对个人和团队成功的责任感。

4. 促进正面互依赖

通过团队合作和学习，队员们学会相互信赖，认识到只有团队合作顺畅，才能取得比赛的胜利。

5. 自我反思和评估

自我和小组评估促使队员们反思个人表现和团队互动，有助于发现和解决问题，提升团队整体表现。

二、合作学习在篮球教学中的应用

（一）小组技能训练活动

1. 活动内容的设计

对于篮球技能训练，可以设计一系列针对性的小组练习，如传球练习、分组对抗赛、定位投篮等。在进行传球练习时，教练可以将学生分为多个四人小组，每个小组成员轮流扮演攻防双方，练习不同传球技巧。在这个过程中，学生不仅要专注于自己的技能提升，还要观察同伴的动作，提出建设性的意见，相互学习和改进。

2. 角色分配

每个小组成员应被分配明确的角色，如领导者、记录员、时间监控者以及鼓励者等。在分组对抗赛中，领导者负责制定战术，记录员负责记录得分情况和反馈技术细节，时间监控者确保每项活动在规定时间内完成，而鼓励者则负责激励小组成员，保持团队士气。这样的角色分配能够确保每个成员都积极参与到小组活动中，共同努力提高整个小组的篮球技能。

3. 目标设定

设定目标是激励学生的关键。教练必须设定具有挑战性但又可实现的短期和长期目标。例如，在定位投篮训练中，短期目标可以是每个队员在规定时间内完成一定数量的投篮，而长期目标则可能是在整个学期末，小组成员能够在更复杂的比赛情境中准确完成投篮。这些目标不仅能激励学生持续进步，还能帮助他们明确训练的方向和意义。

4. 评估和反馈机制

教练员需要提供及时、具体和建设性的反馈。在小组技能训练中，可以使用同伴评价、自我评价以及教练评价相结合的方法。同伴评价鼓励学生之间相互观察、讨论与反思，自我评价则帮助学生自我认识和自我调整，教练员的评价则提供专业指导和纠正。所有这些评价应当着重于学生的努力和进步，而不仅仅是结果，以此来形成积极的学习氛围。

5. 小组技能训练

通过分层教学，教练能够为不同能力层次的学生提供合适的挑战和支持。例如，对于基本技能掌握较差的学生，可以设计更多基础技能训练和个别辅导时间。对于技能较为娴熟的学生，则可以提供更多高级战术分析和领导小组的机会，以此来提升他们的战术理解和领导能力。

（二）团队策略研讨与共同制定

首先，教练需要对球员进行分组，每组应包含不同位置的球员，以保证策略讨论的全面性。在这个分组的过程中，可以考虑球员的技术特点、理解能力和以往的配合情况，从而形成互补的小组。每个小组被赋予一个特定的任务，比如防守策略、进攻模式、快攻转换等，让他们先在小组内部进行讨论。

其次，教练应该出示一系列的篮球比赛录像，让各小组分析并找出成功或失败的关键点。小组成员需要共同观察、分析并讨论比赛中的具体情况，如球员位置、球的传递、防守时的站位等。这种基于实例的学习方法有助于球员更好地了解战术的应用与效果。

每个小组需要将自己的分析和讨论结果呈现给其他组成员。这不仅可以增进球员之间的沟通和理解，而且可以培养球员的批判性思维能力，让他们学会如何从不同角度分析问题。此阶段的互动对建立球员之间的信任和团队协作精神至关重要。

在小组讨论之后，教练应该指导球员将讨论的结果转化为具体的训练练习。比如，对于快攻的策略，可能需要进行快速传球和接球的训练，对于防守策略，则可能需要进行协防和换防的实战演练。这种由理论到实践的转换可以让球员更加深刻地理解策略背后的原理和逻辑。

最后，为了确保团队策略的有效性，需要在真正的比赛中不断试验和调整。教练应该根据比赛的实际情况，及时给出反馈，并与球员一起讨论如何改进策略。同样，球员应该被鼓励在比赛中主动沟通，及时调整自己的行动以适应战术的变化。

在整个合作学习过程中，团队成员之间的相互尊重和支持是非常重要的。每名球员的意见都应被认真考虑，这有助于培养球员的责任感和对团队的忠诚度。通过这种方式，球员不仅可以学习到篮球技巧和策略，还可以在团队合作和沟通方面得到很大的提高。

（三）合作学习与领导力培养

为了确保所有学生都充分参与活动，可以实施“团队得分”制度，其中每个小组的表现会根据所有成员的进步和贡献而定。这种评分方式鼓励学生相互帮助，共同提高，因为个人的成绩直接影响到小组的整体成绩。

在小组互动过程中，每个小组可以轮流选出一名组长，负责监督练习活动，确保组内交流有效，以及每位成员都能达到目标。通过这种方式，每位学生都有机会承担领导职责并发展必要的领导技能，比如决策、激励同伴和解决冲突。

在练习和比赛过程中，教练应引入问题解决任务，促使学生作为一个团队一起思考。例如，可以提出一个战术挑战，让小组成员一起分析对手的防守策略，并制订进攻计划。这类活动不仅促进了合作学习，还有助于学生理解篮球比赛中的战略。

此外，为了增强学生的合作学习体验，教师可以利用视频分析工具来回顾和分析训练或比赛画面。小组成员可以一起观看视频，讨论技术执行、团队动作的时机和策略选择，这不仅能提高技术水平，还能促进批判性思维能力的发展。

为了鼓励学生之间的正面互动和相互支持，可以实施互评制度。学生需要给予同伴有建设性意见的反馈，帮助他们认识自己的优点和需要改进的地方。通过这种方式，学生学习如何以积极的态度进行交流，这是领导力的重要组成部分。

在合作学习过程中，应对不同性格和能力水平的学生进行差异化指导。教师应根据每位学生的个体差异，提供适当的挑战和支持，确保每位学生都能在合作中实现个人成长，并最大限度地发挥自己的潜力。

反思是合作学习中不可或缺的部分。在每次活动之后，教师都要鼓励学生反思自身在团队中的表现，思考如何改进交流和合作方式，以及如何在未来的练习和比赛中更好地发挥领导作用。

三、合作学习的成效评估

（一）团队协作技能的评估方法

1. 团队成员之间的沟通交流

篮球教练可以通过实战训练、模拟比赛和分组对抗等方式，观察学生在比赛中的沟通方式，是否能够通过肢体语言、眼神交流和口头信息传达等有效方法互相传递信息，以及在比赛中是否能够及时作出反应和调整。

2. 团队合作中的角色承担

每个学生在团队中都应该有明确的角色和职责。评估时需要考量学生能否在各自的位置上发挥作用，能否在比赛中根据团队战术作出正确的决策，并能否与其他队员共同承担责任，共同面对困难。

3. 队员之间的支持和鼓励

在团队合作的过程中，互相的支持和正面的激励对于团队士气和协作氛围是至关重要的。可以通过观察学生在面对失败和挫折时的反应，是否能够相互安慰和提升，帮助队友克服心理障碍，增强团队的凝聚力。

4. 学生对于团队规则和战术的遵守程度

在团队中，每个成员都需要遵循共同约定的规则和执行战术安排。能否在比赛中严格遵守教练的战术部署、不擅自改变战术、不因个人英雄主义而破坏团队的整体性，这些都是反映团队协作能力是否高水平的重要指标。

为了更准确地评估学生的团队协作技能，可以运用多种评估工具和方法。例如，利用观察记录表来系统记录学生在比赛中的协作表现，结合视频回放进行分析；使用自我评估和同伴评估表来收集学生自身及队友对协作行为的看法；开展小组讨论会，讨论团队协作的体会和改进意见；还可以设置特定的团队任务和挑战，通过任务完成情况来评判团队协作效果。

（二）篮球比赛中合作表现的观察

1. 学生在场上的沟通能力

有效的沟通是团队合作的基础。在比赛过程中，学生之间能否通过非言语的手势、眼神交流以及简短指令来传达战术意图、调整防守和进攻策略是衡量合作水平是否高效的重要指标。教师可以通过观察球员能否在关键时刻给予队友支持性的信号或及时的指示来评价其沟通效果是否优秀。

2. 学生在比赛中的决策能力

团队成员在比赛过程中不断面临着必须迅速作出决策的情境。学生能否在快节奏的比赛中作出对团队有利的决策，如传球给更有机会得分的队友，而不是为了个人数据而强行投篮，这关乎个体对团队合作价值的理解和认同。

3. 学生的共享责任感

篮球比赛通常伴随着胜利的喜悦和失利的沮丧。一个团队是否能够在胜利时共同庆祝，在失败时共同分析原因并承担责任，这反映了团队成员之间是否有合作的深度和成熟度。

第五节 翻转课堂与篮球教育创新

一、翻转课堂与篮球教育的结合

（一）翻转课堂的定义

翻转课堂作为一种革新的教学模式，在过去的十年里如一股清流般在教育界引起了广泛的关注和应用。它彻底颠覆了长久以来根深蒂固的传统课堂教学模式，将“课前学习材料”与“课堂内活动”的顺序进行了巧妙的调换，从而为教育带来了一场深刻的变革。在翻转课堂的模式下，学生们在课前不再是被动地接受知识的灌输，而是通过观看视频讲座、阅读精心编写的材料或进行其他形式的自主学习，主动地去探索、理解和掌握新的知识点。在这种教学模式下，教师的角色也发生了显著的变化。他们不再是知识的传授者，而是成为学生学习过程中的指导者和协助者。教师需要根据学生的学习情况和需求，提供有针对性的指导和建议，帮助他们解决学习过程中遇到的困难和问题。同时，教师需要关注学生的学习进展和反馈，及时调整教学策略和方法，以确保教学效果的最大化。

（二）翻转课堂在篮球教学中的应用前景

1. 技能学习的个性化和自主化

在现代篮球教学中，翻转课堂这一创新的教育模式正逐渐受到广大教练和学生的青睐。这种教学方式不仅有助于教练更高效地传授知识，还能极大地提升学生的自主学习能力和实战技能。通过翻转课堂，教练可以事先精心准备并录制一系列关于篮球技巧的教学视频。这些视频既包括基础技能的讲解，也涵盖高级技巧的演示。学生在训练前，可以自主安排时间观看这些视频，可以根据自己的节奏和进度，随时暂停、回放或重复观看某个动作，确保自己完全理解并掌握技巧。

2. 战术理解和运用

篮球战术的理解和运用是提高比赛水平的关键。通过翻转课堂，教练可以提供战术分析的视频、案例研究等材料，学生在课前研究这些内容，课上通过分组讨论、模拟比赛等方式深入理解战术的设计和运用。

3. 提升教练与学生间的互动

在翻转课堂这一创新的教学模式下，传统的课堂时间得到了全新的利用，不再是单纯的知识灌输，而是更多地用于深入讨论和实践操作。这一变革极大地丰富了课堂内容，提高了学生的学习参与度和积极性，同时为教练与学生之间提供了更多的互动机会。

4. 促进团队协作和精神建设

在现代教育体系中，篮球运动不仅是一项体育活动，更被视为一种培养学生团队精神和协作能力的重要途径。翻转课堂模式的核心理念在于将传统的课堂讲授与课后自学相结合，鼓励学生通过小组合作的方式完成课堂任务。这种教学模式在篮球教学中同样具有广阔的应用前景。在篮球教学中引入翻转课堂模式，能够有效增强学生的团队精神和协作能力。

二、实施翻转课堂的策略

（一）篮球理论知识的线上学习资源

篮球理论知识的线上资源应该系统全面，覆盖篮球运动的各个方面。具体来说，可以包括但不限于篮球的历史、规则讲解、技术动作分析、战术运用、比赛分析、体能训练、营养健康、心理训练等内容。这些资源可以采用文本、图表、视频和互动测验等多种形式，以适应不同学生的学习偏好。

线上学习资源的组织应该结构清晰，易于导航。建议建立一个统一的学习管理系统（LMS），在此系统中按模块组织所有资源，每个模块聚焦于特定的知识点。例如，可以设置基础规则、基础技能、进阶技巧、战术理解、体能训练等模块。每个模块可以进一步划分为若干子模块，以确保学习的递进性。

对于篮球规则的学习，可以设计互动式的视频教程，其中包含规则解读和实际比赛情境的模拟。通过情景模拟，学生可以更直观地理解规则应用。此外，可以利用在线测验，检验学生对规则理解的掌握程度。

技术动作的学习资源应着重于高质量的视频教学，其中展示标准动作的慢动作解析，让学生能够清楚地观察到动作的关键点。每个动作的视频旁应该有详尽的文字说明，解释动作的每个阶段和注意事项。此外，可以设计一系列的动作模仿和练习，鼓励学生在家中模仿视频中的动作，从而在未到场馆之前就开始技能的初步学习。

战术理解的模块可以通过动画和图解的形式，展示不同的进攻和防守战术。通过虚拟的篮球场景，展示战术的运用和球员间的配合，让学生在理论学习的同时能够直观感受战术的实际效果。此外，可以利用历史上经典的篮球比赛片段，分析战术的应用，增加学习的趣味性和实用性。

体能训练模块应提供一系列针对篮球运动员的体能训练视频，包括力量、速度、敏捷性、耐力等方面的专项训练。通过提供标准的训练动作演示和详细的训练计划，确保学生能够安全有效地提高体能。

（二）线下课堂的实践训练安排

在安排线下课堂的实践训练时，首先应进行技能水平评估。评估可以通过一个简短的篮球基础技能测试进行，包括运球、传球、投篮等基础动作的测试。了解学生的起点，有助于制订个性化的训练计划，确保每个学生都能在自己的水平上获得提升。

实践训练应注重技能的系统性训练，包括个人技能和团队协作。个人技能训练包括运球、传球、投篮、防守等篮球基本技能。可采用循环训练法，让学生在不同的训练站点进行技能训练，每项技能都有专门的练习环节和教练员进行指导。团队协作的训练则更加注重模拟实战。通过小组对抗赛、半场比赛和全场比赛等方式，让学生在模拟比赛中学习运用战术，如进攻配合、防守转换等。这样的对抗性训练不仅有助于实战技能的提升，还能提高学生的团队合作能力。

在所有的实践训练中，反馈都是至关重要的。训练结束后，教练员应及时给出技术动作方面的反馈，并指出学生在训练中的不足以及改进的方法。学生应被鼓励并进行自我反思，了解自己的进步情况和存在的问题。

（三）学生自主学习与教练指导的结合

篮球教育的翻转课堂模式要求学生在课前，通过观看视频教程、阅读相关材料、参与在线讨论等方式，初步了解篮球的基础知识、技巧和战术。这一阶段，学生需要在教练精心设计的学习路径指引下，通过自主探索和互助学习，掌握篮球运动的理论知识和基本技能。课前材料的设计要充分考虑学生的认知水平和兴趣点，既不能过于简单导致缺乏挑战性，也不能过于复杂以致学生感到沮丧。

在课堂上，教练的角色更像是一个引导者和协助者，而不是传统的知识传递者。学生在教练的指导下进行实践操作，包括基础技巧的练习、分组对抗赛等。在这个过程中，教练需要观察学生的表现，及时给出反馈，帮助他们发现问题并改进技术。此外，教练应鼓励学生之间合作学习，通过互助练习、讨论战术应用等方式，促进学生的深入理解和技能的内化。

持续性的评估和反馈对于保证翻转课堂成功至关重要。评估不应只集中在最终的技能展示上，而应该贯穿于学习的全过程，包括学生的课前准备、课堂参与度、技能进步，以及课后的反思和总结。教练可以设定明确的评估标准，对学生的每一步学习进行监督和指导，同时鼓励学生自我评估，形成自我驱动的学习动力。

三、翻转课堂在篮球教学中的优势

（一）提高学习效率

在传统的篮球教学模式中，教练在课堂上扮演着至关重要的角色。他们不仅要向学生传授篮球理论知识，还要展示各种技巧，并指导学生进行实践练习。然而，这种教学方式往往存在一个问题：教练在课堂上介绍理论和展示技巧的时间占据了大部分，留给学生实际操作和练习的时间则相对较少。这导致学生在课堂上的练习时间有限，难以充分掌握篮球技能。为了解决这个问题，越来越多的篮球教学开始采用翻转课堂的教学模式。在翻转课堂的篮球教学中，学生可以在课前通过观看教学视频或阅读相关教材，对篮球的基本理论知识有一个初步的了解。这些视频和教材通常由经验丰富的篮球教练或专家制作，内容涵盖了篮球的基本规则、战术理念、技巧要点等方面。学生可以根据自己的学习进度和理解能力，自主选择观看和阅读的内容，并在学习过程中进行思考和总结。

（二）提升实践和应用能力

翻转课堂这一创新的教育模式，其核心在于打破传统的“教”与“学”的界限，将“学”与“做”紧密地结合在一起，旨在培养学生的自主学习能力和实际操作能力。在篮球教育领域，翻转课堂的应用更是为这一运动注入了新的活力。在翻转课堂的篮球教学模式下，学生被鼓励在课外时间自主学习篮球理论知识，包括篮球规则、战术理念、球员职责等方面的内容。通过在线视频、教材、论坛等多种途径，学生可以系统地掌握篮球运动的基本知识和技巧。课堂时间则被充分利用起来，进行实战演练和技巧提升。

（三）增加个性化反馈和指导时间

翻转课堂模式的出现，为篮球教育带来了前所未有的改革和创新。翻转课堂模式强调学生在课前通过预习和自学，掌握一些基础知识。通过在线视频、教材、学习资料等多种途径，学生可以提前了解篮球的基本规则、技术要领和战术体系。当进入课堂时，学生已经具备了一定的基础知识储备，能够更好地参与课堂讨论和实践中。在课堂上，教练不再需要花费大量时间进行基础知识的讲解，而是可以有更多的时间来关注学生的个别差异。教练可以针对每个学生的技术特点、身体素质和兴趣爱好，提供更有针对性的反馈和指导。

参考文献

[1] 周秉政 . 铸魂育人 新时代高校篮球教学研究 [M]. 天津：天津社会科学院出版社，2022.

[2] 纪德林 . 高校篮球运动教学与训练的指导及优化 [M]. 北京：北京工业大学出版社，2020.

[3] 毕永兴 . 校园篮球课程教学方法与改革人才培养研究 [M]. 太原：山西经济出版社，2020.

[4] 宋良忠 . 产生式系统理论与篮球课程改革 [M]. 沈阳：辽宁大学出版社，2018.

[5] 陈杰 . 篮球运动教学理论创新与实战技巧研究 [M]. 北京：中国原子能出版社，2019.

[6] 肖春元 . 大学体育篮球教学改革研究 [M]. 哈尔滨：黑龙江教育出版社，2019.

[7] 李艳芳 . 从篮球视角谈体育教育 [M]. 长春：吉林人民出版社，2018.

[8] 柏杨 . 校园篮球 [M]. 上海：东华大学出版社，2019.

[9] 崔鲁祥 . 篮球竞赛与裁判 [M]. 沈阳：辽宁大学出版社，2010.

[10] 程冬美 . 篮球运动训练理念 [M]. 长春：吉林人民出版社，2010.

[11] 任立耀 . 学生自主学习品质提升视域下的篮球课程改革研究 [J]. 当代体育科技，2023，13（24）：59-62，76

[12] 王燕，刘永科 . 高校篮球教学的小组合作模式构建研究 [J]. 科学咨询（教育科研），2023（2）：96-98.

[13] 程心 . 篮球明星效应对于体育学习的价值研究 [J]. 文体用品与科技，2022（19）：166-168.

[14] 李超，郜梦龙 . 篮球教育在学校体育的功能研究 [J]. 当代体育科技，2021，11（3）：108-111.

[15] 黄明远 ."互联网 +"背景下应用型高校篮球理论课程混合教学模式的实践研究 [J]. 江西电力职业技术学院学报，2022，35（3）：35-36.

[16] 栾景阳 . 大学体育教学篮球体能训练的有效策略 [J]. 冰雪体育创新研究，2022（6）：123-125.

[17] 王佳荣，庞剑，杨静，等 . 基于校园篮球赛事的篮球教育模式实践与探索——以北京大学附属中学为例 [J]. 体育教学，2022，42（2）：34-36.

[18] 黄明远 . 体育强国视域下的高校篮球体育人才培养探究 [J]. 江西电力职业技术学院学报，2021，34（12）：109-110.

[19] 宋晓红 . 新形势下高校篮球教学改革的思路探究 [J]. 当代体育科技，2021，11（21）：103-105.

[20] 梁琛 . 篮球教学中的运球技术提高方法探究 [J]. 当代体育科技，2021，11（17）：53-55.

[21] 马龙 . 双侧性迁移理论在普通高校篮球选项课教学中的应用效果研究 [D]. 西安：西安体育学院，2023.

[22] 姚哲兴 . 体育学科核心素养导向下高校三人制篮球项目的教学改革发展研究 [D]. 南京：南京体育学院，2023.

[23] 朱田田 . 体育学科核心素养背景下高中篮球大单元教学设计实践研究 [D]. 银川：宁夏师范学院，2023.

[24] 刘新成 . 混合式教学在高校公体课篮球教学中应用效果的实验研究 [D]. 济南：山东师范大学，2023.

[25] 田旭琛 .CrossFit 训练对高校公共体育篮球课教学效果影响的实验研究 [D]. 济南：山东师范大学，2023.

[26] 肖潇 . 课程思政融入高校篮球普修课教学的实验研究 [D]. 桂林：广西师范大学，2023.

[27] 陈星硕 . 基于 OBE 理念篮球普修课程教学设计与实践研究 [D]. 西宁：青海师范大学，2023.

[28] 申靖 .PBL 教学法在高中篮球教学中的应用研究 [D]. 武汉：武汉体育学院，2023.

[29] 胡广书 . 篮球教育对大学生人格的影响 [D]. 长春：吉林体育学院，2012.

[30] 李正贤 . 普通高校篮球教学活动的教育生态研究 [D]. 苏州：苏州大学，2010.